dtv

W0064804

Unser Bewusstsein und unsere Wirklichkeit sind beherrscht von Krisen, Hass, Exzessen und Gewalt bis hin zur Verachtung des Menschlichen. Wissenschaftliche Erkenntnisse, Technik und Informatik beeinflussen, beaufsichtigen, befehlen uns: Das abstrakte Bewusstsein entfremdet uns unaufhaltsam dem Leben. Das Empfinden für die Wirklichkeit und das Mitgefühl für andere Menschen werden zunehmend durch ein unnatürliches und nicht mehr menschliches Bewusstsein abgewertet und unterdrückt. So nehmen wir den Ursprung unseres selbstzerstörerischen Tuns nicht mehr wahr. Das empathische Bewusstsein würde es uns ermöglichen, den Weg des Lebens neu zu entdecken.

Arno Gruen, 1923 in Berlin geboren, emigrierte 1936 in die USA. Nach dem Studium der Psychologie leitete er ab 1954 die psychologische Abteilung der ersten therapeutischen Kinderklinik in Harlem. 1961 promovierte Arno Gruen als Psychoanalytiker bei Theodor Reik. Es folgten Professuren in Neurologie und Psychologie. Daneben führte er seit 1958 eine psychoanalytische Privatpraxis in Zürich, wo er seither lebt und praktiziert.
In seinen zahlreichen Veröffentlichungen beschäftigt sich Arno Gruen mit dem plötzlichen Kindstod, mit den psychologischen Ursachen für Gewalt und Fremdenhass, mit den Voraussetzungen für Autoritätsgläubigkeit und Demokratie. Für sein Buch »Der Fremde in uns« erhielt Arno Gruen 2001 den Geschwister-Scholl-Preis.

Arno Gruen

Dem Leben entfremdet

Warum wir wieder lernen müssen zu empfinden

Deutscher Taschenbuch Verlag

Von Arno Gruen
außerdem bei <u>dtv</u> lieferbar:
Der Verrat am Selbst (35000)
Der Wahnsinn der Normalität (35002)
Der Verlust des Mitgefühls (35140)
Der Fremde in uns (35161)

**Ausführliche Informationen über
unsere Autoren und Bücher
finden Sie auf unserer Website
www.dtv.de**

Ungekürzte Ausgabe 2015
2. Auflage 2015
Deutscher Taschenbuch Verlag GmbH & Co. KG,
München
© 2013 Klett-Cotta – J. G. Cotta'sche Buchhandlung Nachfolger GmbH,
gegr. 1659, Stuttgart
Dieses Werk ist urheberrechtlich geschützt.
Sämtliche, auch auszugsweise Verwertungen bleiben vorbehalten.
Umschlagkonzept: Balk & Brumshagen
Umschlaggestaltung nach einem Entwurf von Rothfos & Gabler,
Hamburg, unter Verwendung eines Fotos von laif/Cira Moro
Druck und Bindung: Druckerei C.H.Beck, Nördlingen
Gedruckt auf säurefreiem, chlorfrei gebleichtem Papier
Printed in Germany · ISBN 978-3-423-34836-2

In Gedenken an
Gertrud Hunziker-Fromm
und
George Trow

Ich wollte zeigen, dass unsere aufgeklärte Moral bedroht
und unsere Vernunft blind ist. Wir können sehen,
aber sehen nicht. Wir leben mit dem alltäglichen Horror
und haben gelernt, wegzuschauen.
José Saramago

INHALT

Vorbemerkung des Autors

Dieses Buch spiegelt die Entwicklung meines Denkens, das mit dem Buch »Der Verrat am Selbst« begann. In allen meinen folgenden Büchern versuchte ich, dem *Wie* unseres Seins näher zu kommen. Ich glaube, dass das jetzige Buch diesem Ziel gerecht wird. Wie in einer Symphonie werden die Kernthemen für mich intensiver und klarer: *Es geht um Sein oder Nichtsein*. Wie in Shakespeares Hamlet vollzieht unsere Kultur ein Nichtsein, das auf abstraktem Denken beruht und unser grundlegendes empathisches Bewusstsein verneint und verleugnet. Es geht darum, dieses wieder zum Herzstück unseres Seins zu machen.

LEBEN IN EINER SCHEINWELT
OHNE MITGEFÜHL

Wir glauben, unser Denken sei realistisch, wenn es von Mitgefühl befreit ist, von der Fähigkeit, Schmerz zu teilen, Leid zu verstehen, und vom Gefühl der Verbundenheit mit allen Lebewesen.

Denken wir aber ohne Mitgefühl, dann leben wir in einer *Schein*welt aus Abstraktionen, die Kampf und Konkurrenz zu den Triebkräften unserer Existenz machen. In dieser Welt der Abstraktionen dominiert die Gewalt. In ihr kann nur überleben, wer andere unterwirft oder vernichtet. Diese Vorstellung eines Lebens ohne Mitgefühl ist auf Feinde angewiesen. Ja, wir beginnen uns selbst durch das Feindbild, das wir heraufbeschwören, zu definieren. Indem das abstrakte Denken – also das Kognitive – das Empathische in uns ersetzt, entfernen wir uns immer mehr von jeder unmittelbar gefühlten Wirklichkeit. Wir wenden uns dem Untergang zu. Das dürfte wohl der Eindruck sein, den Jean-Jacques Rousseau festhielt, als er schrieb:

> »*Geist ist eingedrungen in die Natur, wie das Messer dringt in eines Baumes Mark. Nunmehr freilich kann die toddrohende Schneide nicht aus dem Stamme herausgezogen werden, denn der Baum würde dabei verbluten. Aber niemand darf behaupten, dass ein Schwert im Herzen der Weltesche das Merkmal sei für ihre Gesundheit.*«[1]

Anschaulich und eingängig zugleich schildert Rousseau, *wie* in unseren Zivilisationen abstraktes Denken die Empathie verdrängt und Fortschritt in Tod umschlägt, in einen Tod, der sich ständig ausbreitet.

Wie können wir vor diesem Hintergrund überhaupt die Fragen über unser Überleben, über unsere wirtschaftlichen Krisen, über Gewalt und Frieden klären, wenn die Annahme unsere Sicht verdunkelt, nur Kampf und Konkurrenz seien die Triebkräfte unserer Existenz? Wir glauben, rational erkennen zu können. Unsere Gefühle, die um unsere Empathie kreisen, halten wir für irrational und unlogisch und schieben sie aus diesem Grund beiseite. Unsere Gefühle sind so gefährlich für uns geworden, dass wir sie ausschalten müssen.

Was ist also Wirklichkeit? Und zwar dann, wenn wir von Geburt an dazu angehalten werden, die Welt so zu sehen, wie man sie uns vermittelt und sie uns vorschreibt. Wir sollen die Wirklichkeit offensichtlich nicht so wahrnehmen dürfen, wie wir sie von Geburt an zunächst erfahren haben. Diese eigenen Wahrnehmungen sind vor und nach der Geburt vorwiegend empathisch und nicht vollständig kognitiv geprägt. Empathische Wahrnehmungen wirken unmittelbar und sind unbeeinflusst von gesellschaftlichen Erwartungen. Daher sind sie realitätstreu. Kognitive – also ausschließlich auf den Verstand bezogene – Wahrnehmungen hingegen kommen nie ohne Verzerrungen zustande, da sie auf Erwartungen der Menschen verweisen, die uns bemuttern, und nicht auf die Bedürfnisse des Kindes zurückgehen.

Zwei fundamentale Erlebnisse prägen die Wahrnehmungen des Kindes ganz entscheidend, und zwar sein Leben lang. Sie kreisen darum, wann ein Säugling gefüttert wird und wann er schlafen muss. Entsprechen die Eigenwahrnehmungen des Kindes – sein Bedürfnis nach Nahrung oder sein Wunsch, wach zu sein – nicht den Erwartungen der Eltern, entsteht eine Unstimmigkeit, eine Missstimmung, eine Disharmonie, möglicherweise ein Konflikt. Je nachdem, ob und wie dieser Konflikt beigelegt wird, beschneidet er die empathischen Wahrnehmungen des Kindes elementar.

Aus diesem Grund entscheidet sich schon in den allerersten Wochen und Monaten, ob ein Kind später einen Selbstwert entwickelt, der sich aus den eigenen Gefühlen entfaltet, auf ihnen aufbaut, infolge eines früh eingeforderten Gehorsams unterentwickelt bleibt oder sogar ganz verdrängt werden muss. Eine eigene Substanz entwickelt sich nur, wenn ein Kind bereits als Säugling Schmerz, Leid und Not, also die eigenen empathischen Reaktionen, annehmen und mit den Eltern teilen kann. Nur so entwickelt sich eine innere Kraft, die trotz Unsicherheit, die ein Kind umgibt, Stärke vermittelt, weil Verletzlichkeit dann keineswegs Schwäche, sondern mitfühlendes Teilen mit den Eltern bedeutet.

Genau an diesem Punkt erkennen wir, wie in unserer Kultur das abstrakte Denken, also das Kognitive, das empathische Denken ersetzt. Setzt diese zunehmende Abstrahierung ein, entfernen wir uns mehr und mehr von der Wirklichkeit. Ja, wir wenden uns dann unaufhaltsam dem Untergang zu. Dieser fast unmerkliche Vorgang geschieht keineswegs offensichtlich und ist weder sofort noch für jeden erkennbar. Denn alles, was den Verstand betrifft und umfasst, vom Rationalen über das Kognitive bis hin zum Abstrakten, wird mit der ganzen Wirklichkeit gleichgesetzt und ergreift von unserem Daseinsgefühl vollständig Besitz.

Goethes Werdegang, »Hamlets« Konflikt, der in seinem berühmten Monolog aufbricht, und der offene wie der verhüllte alltägliche Terror belegen dies, wie ich in den folgenden Kapiteln veranschauliche. Denn ich möchte in diesem Buch zeigen: *Die Geschichte der großen Zivilisationen ist die Geschichte der Unterdrückung unserer empathischen Natur.* Dadurch verlieren wir die ursprüngliche, jedem Menschen gegebene Fähigkeit, in der Wirklichkeit zu leben. *Wir haben uns dem Leben entfremdet.*

»UM EINEN GOETHE VON INNEN BITTEND«

Den Deutschen, die einen Lobgesang erwartet hatten, machte er einen Strich durch die Rechnung. 1932 hatte man den spanischen Philosophen José Ortega y Gasset, den Autor des weltberühmten Essays »Aufstand der Massen«[2] um eine Gedenkschrift zu Goethes 100. Todestag gebeten.

> *»Das Leben«, schrieb Ortega y Gasset in seinem Essay »Um einen Goethe von innen bittend«, »ist in seinem Wesen nach ein ständiger Schiffbruch. Aber schiffbrüchig sein heißt nicht ertrinken ... Das Gefühl des Schiffbruches, da es die Wahrheit des Lebens ist, bedeutet schon die Rettung ... Aber zeigen Sie uns einen Goethe, der schiffbrüchig und verloren ist in seiner eigenen Existenz, der keinen Augenblick weiß, was aus ihm werden wird ...*
>
> *(Aber) Goethes Charakter besitzt eine wunderbare Geschmeidigkeit, die ihn unbegrenzt anpassungsfähig macht ... So schwächt auch Goethe die Frage: Wer bin ich? zu dem traditionellen: Was bin ich? ab ... (Und so) flüchtet er vor seiner dichterischen Berufung, um Weimar in die Arme zu fallen. Anstatt einen Goethe, der schiffbrüchig und verloren ist, wählt er die Einladung des Großherzogs Karl August.«[3]*

Und damit sichert sich Goethe sein Auskommen und seinen gesellschaftlichen Ruhm und Status. Das Übermaß scheinbarer Sicherheit, das ihn von nun an umgibt, lässt seine Seele verkümmern und schließlich kalt werden. So jedenfalls wird Goethe, der sein Sein, seine Ideale inzwischen geleugnet hat, von Jakob Michael Reinhold Lenz, einem Freund und Studiengefährten der Straßburger Zeit, nach einer Visite in Weimar geschildert. Goethes Menschlichkeit aus den Straßburger Tagen war wie verflogen:

> »Man nötigt (ihn) überall hin, (er) ist überall willkommen, weil (er sich) überall anzupassen und aus allem Vorteil zu ziehen weiß (...). Er schreibt mir: Die Selbstliebe ist immer das, was einem die Kraft zu anderen Tugenden geben muss.«[4]

Und so fand Lenz, in Ortega y Gassets Worten, Goethe »erstarrt zur Statue«. Denn wer sein seelisches Sein verleugnet, hört auf, als Mensch zu existieren. Die Frage »Wer bin ich?« wird gar nicht mehr erwogen; an ihre Stelle rückt jetzt die Frage »Was bin ich?« Wer so agiert, hört auf, sich selbst zu sehen, lebt so dahin, jedoch nicht mehr als unverwechselbare, spontane Persönlichkeit. Jetzt kreist sein ganzes Dasein nur noch um die Vorstellung, wie er glaubt, erscheinen zu müssen.

Wer bin ich? Diese Frage erfordert eine ständige Konfrontation mit sich selbst und schließt eine Verantwortung für das eigene Tun, das eigene (Da-)Sein, mit ein. Diese Selbstauseinandersetzung bringt die »Erkenntnis des Schmerzes« (Carlo Emilio Gadda[5]), des eigenen Schmerzes genauso wie des Schmerzes der anderen mit sich, und lässt die eigenen Grenzen, aber auch die der anderen spürbar und wahrnehmbar werden.

Was ich bin, hat fast nichts damit zu tun, wer ich bin. Es hat vielmehr nur mit der Fehlbildung zu tun, wie jemand glaubt, erscheinen zu müssen, um Status und Macht gegenüber anderen zu behaupten. Folglich verwandeln sich Menschen in Wesen, die, wie Kierkegaard es so prägnant formulierte, völlig im Bann des Bedürfnisses nach Anerkennung von Leistungen stehen.[6]

Daher fangen Menschen an, nicht ihr Leben zu leben, in dem sie zwangsläufig Leid und Schmerz erleben müssten – also ein Leben, das mit der Situation, ein Schiffbrüchiger zu sein, verbunden ist –, sondern ein Leben, in dem es darum geht, ›richtig‹ zu erscheinen. Richtig heißt hier, sich an das anpassen und das tun, was üblicherweise für normal gehalten wird. Schließlich suchen wir Zuflucht bei abstrakten Ideen, weil wir in unserer Zivilisation immer vor der Antwort auf die Frage fliehen, warum wir denn unfähig sind, uns zu stellen, uns zu konfrontieren, uns mit uns selbst auseinanderzusetzen. Was dann im Verdrängten lauert, ist ein Minderwertigkeitsgefühl, das zum unbewussten Grund des Seins führt.

Wer ein anderes als sein eigenes Leben lebt, wer nicht mit der Wahrheit des Schiffbrüchigseins verbunden ist, fälscht sein Selbst, um sich abstrakt rechtfertigen zu können und zementiert sein Leben, dessen Grundlage ebenso gefälscht ist. Wer sein Leben nicht lebt, fälscht es unbewusst, weil Schmerz, Leid und Schiffbruch in unserer Kultur mit Schwachsein gleichgesetzt werden.

Daraus gehen jene Scheinwelten und jene Symbolik hervor, die vorgeben, uns vor der Unsicherheit zu retten, wenn wir nur an Helden und die Mythen glauben, die alle Helden umgeben und begleiten. Unsicherheit wird ebenso verachtet wie Schwachsein. Unsicherheit aber herrscht im Innern des Menschen, ja sie beherrscht sein Inneres. Greift aber diese ständig lauernde Gefahr um sich, dann wird das Minderwertigkeitsgefühl für immer zum Grundempfinden. Aber gerade dies muss natürlich nicht so sein.[7]

Goethes Flucht vor sich selbst charakterisiert ihn, aber auch, wie Ortega y Gasset es in einem Essay über Kant hervorhebt, das deutsche Gemüt überhaupt.[8] Die Deutschen und später die deutsche Nation machten ihre Selbstbezogenheit zum Zentrum ihrer Weltwirklichkeit, damals wie heute. Diese ›deutsche‹ Selbstbezogenheit erschwert nicht nur das Leben, sondern zerstört auch das Leben vorsätzlich, bewusst geplant und mit nie dagewesenen Konsequenzen, wie dies im Dritten Reich der Fall war.

Missverstehen Sie mich nicht! Es geht hier nicht allein um den Verrat Goethes an sich selbst, an seinem Selbst. Hier steht das Selbst aller auf dem Spiel, die versuchen, die vollständige Unsicherheit, die uns umgibt und bedroht, durch ein Übermaß scheinbarer Sicherheit zu übertrumpfen, indem sie sich Macht aneignen oder sich mit der Macht anderer identifizieren.

Wer diesen Weg aber einschlägt, erstarrt zur Statue. Statuen aber können »weder atmen noch ausdünsten – weil sie keine Atmosphäre haben«. Damit beschreibt Ortega y Gasset genau unsere Situation infolge kultureller Zwänge. Sie verengen unser Bewusstsein, engen es ein und verkleinern es, denn Unsicherheit und Schiffbruch sind als Schwächen verrufen.

Unsere Gefühle der Unzulänglichkeit, der Hilflosigkeit, des Leidens, der Verzweiflung und der Angst werden als Schwächen eingestuft, sie müssen geradezu verneint und als ›weiblich‹ abgetan werden. Damit aber wird das Weibliche, das uns allen eigen ist, zur Grundlage, um eine widersinnige Trennung der Geschlechter vorzunehmen.

HAMLET, DAS MÄNNLICHE NICHTSEIN UND DAS WEIBLICHE SEIN

Sein oder Nichtsein, das ist hier die Frage:
Ob's edler im Gemüt, die Pfeil und Schleudern
Des wütenden Geschicks erdulden oder,
Sich waffnend gegen eine See von Plagen,
Durch Widerstand sie enden? Sterben, schlafen –
Nichts weiter![9]

»Sein oder Nichtsein, das ist hier die Frage«, Hamlets Monolog offenbart genau den Konflikt, wenn das entfaltende Bewusstsein einem verengenden Bewusstsein gegenübersteht. Anders als Goethe konfrontiert uns Shakespeare mit dem Widerspruch zwischen einem reduzierenden und einem unterdrückten, aber stets lauernden Bewusstsein, das nach Entfaltung und Erweiterung, also zum Empathischen hin, drängt.

Das Rätselhafte von Hamlets Monolog, von »Sein oder Nichtsein«, löst sich, schreibt der amerikanische Schriftsteller George Trow[10], wenn wir ihn als Konflikt erkennen, der zwischen dem offenen und dem engen Bewusstsein ausgetragen wird. Shakespeare lässt uns Hamlets Dilemma unmittelbar wahrnehmen: Auf der einen Seite steht das verengte, männliche Bewusstsein der Ehre; auf der anderen Seite das erweiterte, weibliche Bewusstsein, das die Ehre keineswegs anerkennt noch pathetisch überhöht. Dieses erweiterte Bewusstsein entspricht dem lebensbejahenden und wurde oft als weibliches verworfen, denn es widerspricht den Mythen von Ehre und Heldentum. Das männliche Bewusstsein der Ehre schaltet Leid und Schmerz aus und beschränkt dadurch, was wir wahrnehmen und wie wir es tun – letztlich, wie wir handeln.

Die männliche Bewusstseinsreduktion spaltet ab; sie führt zu einer Dissoziation und schließlich zu einer wirklichen Spaltung. Leiden und Denken sind dann scharf und unversöhnlich voneinander getrennt. In seinem Monolog verwirft Hamlet das »Nichtsein« als schwach und weibisch, während er »Sein« mit ›Mannsein‹ gleichsetzt. »Nichtsein« aber vertritt, wie George Trow in seiner Interpretation des Bewusstseinskonflikts verdeutlicht, das umfassendere weibliche Prinzip und umschließt Einfühlungsvermögen und Menschlichkeit.

Daraus entsteht Hamlets Konflikt. Hamlet soll sich im Drama ›männlich‹ zeigen, ›männlich‹ handeln und seinen Onkel töten, wie es der Geist seines toten Vaters von ihm verlangt.

>*Hamlet muss sich bewusst sein,« setzt Trow fort, »dass die Rituale, die sein Vater zu befolgen fordert, äußerst primitiv sind. Hamlet weiß zudem, dass er selbst viel eher seinem Onkel als seinem Vater gleicht. Aber eine Stimme in Hamlet sagt ihm gleichzeitig, er müsse dieses Ritual (der Rache) vollziehen.«*[11]

Mit anderen Worten: Der Hamlet-Konflikt spielt sich zwischen dem reduzierten männlichen und dem umfassenderen weiblichen Bewusstsein ab.

»Sein oder Nichtsein, das ist hier die Frage« – nach dieser Frage erwartet jeder Hörer, jeder Zuschauer, dass die beiden Alternativen entfaltet und debattiert werden. Aber gerade dies geschieht nicht: »Tatsächlich entsteht eine Anordnung von Worten, die in Wahrheit nur ein Ziel zu haben scheinen: Eine Erkenntnis zu vermeiden, vor der wir alle Angst haben.«[12] Diese Angst ist die Erkenntnis, die uns allen gemeinsam aber verborgen ist. Wir dürfen die Wahrheit unserer ursprünglichsten empathischen Wahrnehmungen, die einem erweiterten Bewusstsein entspräche, nicht erkennen, denn es ist eine verbotene Wahrheit. Dadurch wird es für jeden Menschen immer schwieriger, in voller Übereinstimmung mit sich selbst zu leben. Wir spüren einen grundsätzlichen tiefreichenden Mangel. Dieser belastet unser Leben, weil wir nicht wissen, was mit uns geschah, als unser Bewusstsein sich verengte, um sich den Bedürfnissen der Eltern anzupassen oder sich vor allem denen des Vaters zu unterwerfen. Denn die Erlebnisse dieser Lebensphase liegen weit vor der Zeit, als wir sprechen lernten. Diese Zeit reicht in unser Säuglingsalter zurück, wenn wir uns nur über unsere Gefühle verständlich machen können.

Wir erleben einen Konflikt dann, wenn wir noch nicht perfekt angepasst sind, wenn unser eigenes Sein, und seien es nur Fragmente oder Splitter, noch existiert. Shakespeare selbst spitzt diesen Konflikt weiter zu: Hamlet spricht verzweifelt vom Sterben, um später, etwas weniger verzweifelt, vom Schlaf eine Rettung zu erhoffen. Seiner Angst kann Hamlet nicht entkommen. Aber er versucht, ihr auszuweichen, und fängt an, völlig sinnlos vor sich hinzureden. Hamlet meint mit seinem sinnlosen Gerede die tiefe Angst, die ihn befällt, entmachten zu können. Aber es gelingt ihm nicht. Am Ende muss er sich eingestehen, dass er Unsinn geredet hat, und sagt: »So macht das Gewissen Feiglinge aus uns allen.« Hamlet scheitert, so Trow, am Kern des Problems.

Denn wir können erst dann sprechen, wenn wir fähig sind, uns dem Entsetzlichen dieses Konflikts zu stellen, wie Hamlets Monolog uns eindrücklich zeigt. Der vermeintliche Kampf der Geschlechter entspringt dem Zustand und dem Verhalten des männlichen Bewusstseins, jedenfalls keinem naturgegebenen Zustand. Könnten wir diese Spaltung zwischen männlichem und weiblichem Bewusstsein überbrücken, dann könnten wir wirklich wieder sprechen lernen. Bis dahin aber können wir kaum wahrnehmen, dass wir eine Sprache verwenden, die alles reduziert, vor allem aber das Empathische.

DIE ENTWICKLUNG DER EMPATHIE
UND DES MENSCHSEINS

Im Uterus der Mutter besteht meistens ein ungehinderter Austausch zwischen den Bedürfnissen des werdenden Kindes und der Umwelt, die das Kind umgibt. Die Geburt stört diesen Austausch. Der Säugling muss jetzt zu atmen anfangen. Ab jetzt und für den weiteren gelingenden Austausch ist ein Säugling davon abhängig, ob und wie seine Mutter, sein Vater und die Stimuluswelt, die ihn nun umgibt, sich ihm zuwendet. Schreit ein Säugling, signalisiert dies einen gestörten Austausch.

In der psychotherapeutischen Praxis erleben Patienten oft das Gefühl, sich daran zu erinnern, dass sie nicht geboren werden wollten. Das dürfte wohl die Reaktion darauf sein, ausgestoßen zu werden, was bei jeder Geburt geschieht. Es ist aber auch vorstellbar, dass dieser Widerwillen gegen die Geburt erst nachträglich entsteht, weil der Austausch mit der Umwelt unerträglich gestört war. Wie dieser Austausch weitergeführt wird und sich entwickelt, ist entscheidend davon abhängig, wie sich die bemutternde Person dem Kind zuwendet, welche ihrerseits von ihren eigenenErwartungen gegenüber dem Kind bestimmt ist. Dass das Schreien von Säuglingen bei uns als selbstverständlich und normal akzeptiert wird, spiegelt wider, dass das Schreien eines Kleinkindes als Schachzug in einem unvermeidlichen Machtkampf mit den Eltern betrachtet wird.

Es gibt aber Kulturen, in denen Kinder nie oder so gut wie nie schreien. Die Kinderschreie berühren die Eltern als Ausdruck wahrer Bedürfnisse ihres Kindes nach Wärme, Gehalten-Werden, Hunger oder wegen anderer Nöte. Es ergibt sich aber aus der Interaktion zwischen den Kindern und den sie

Bemutternden, die nicht auf deren Nöte eingehen können, dass sich grundsätzliche Unsicherheiten in unseren Kindern entwickeln. Diese Unsicherheiten führen an die Quelle, der die Jagd nach absoluter Sicherheit entspringt. Diese wird dann zur Antwort auf der Suche nach einem Dasein, das dem Leben Geborgenheit geben soll. Doch diese Suche tötet das Leben. Denn die Suche nach absoluter Sicherheit führt dazu, dass ein Mensch sich für immer gegen die nächste Unsicherheit wappnen muss. So werden wir von einem internalisierten Albtraum verfolgt: Man träumt, dass man versagen könnte. Freud interpretierte diese Angst als Kastrationsangst, weil sie sich in Männern durch die Angst vor sexuellem Versagen ausdrückte. Die Folge ist die Suche nach einer Macht, durch die man sich gegen alles und alle wehren kann. Für Menschen, die so früh in ihrem Leben von Unsicherheit und Verachtung für ihre Ängste geprägt wurden – Angst wird als männliche Schwäche gebrandmarkt –, wird Macht zum einzigen Mittel, sich ein Gefühl von Sicherheit zu erschaffen.

Das Machtstreben verändert aber unser Gefühlsleben, das ursprünglich gefühlsbestimmt ist und uns die Welt empathisch erkennen lässt. Jetzt jedoch werden Gefühle von der Notwendigkeit, Unsicherheit zu kompensieren und zu übertrumpfen, bestimmt. Das verändert die Sicht auf die uns umgebende Wirklichkeit, eine Sicht, die jetzt nicht vom direkten empathischen Sehen bestimmt ist, sondern von der subjektiven Notwendigkeit, alles als Kampf um die Existenz wahrzunehmen. Das muss kein bewusster Vorgang sein, und ist es meistens auch nicht, weil wir es als selbstverständlich erleben, uns in einem andauernden Überlebenskampf zu befinden. So gerät unsere Wirklichkeitswahrnehmung in vorgeprägte Gedankenmuster, die auf abstrakten Formeln beruhen und die Notwendigkeit erfüllen, Macht zu besitzen. Gefühle werden durch diesen Vorgang abgetrennt von dem, was sie einmal waren, nämlich Ausdruck empathischer Prozesse, die ganz direkt der objektiven Realität entsprachen. Deswegen trauen wir unseren Gefühlen auch nicht mehr, weil die Gefühle, die wir erleben, uns so oft in die Irre führen. Wir erkennen nicht, dass das, was wir als Gefühle erleben, nichts mit natürlichen Gefühlen zu tun hat. Vielmehr sind es Artefakte, die wie Gefühle erlebt werden, deren ursprüngliche Quelle in den Unsicherheiten liegt, denen wir ausgesetzt wurden, weil unsere bemutternden Instanzen unsere empathisch gesteuerten Bedürfnisse unterdrückten.

Indem wir ›Gefühle‹ als subjektiv und irrational einstufen, entfernen wir uns immer mehr von unserer Empathie, also davon, unserem Einfühlungsvermögen zu trauen. Wir schalten immer mehr auf gedankliche Wahrnehmungen des Kognitiven um. Rousseau schilderte diesen Vorgang, als er vom »Geist« sprach, der wie ein »Messer in eines Baumes Mark« eindringt. Und vor genau diesem Hintergrund verwerfen so viele Anthropologen die empathische Welt der sogenannten ›Primitiven‹ als ›magisch‹.

Wir wollen nicht erkennen, dass diese Gefühlsumpolung eine wichtige Funktion bei der Zivilisationsentwicklung hatte – in Indien, China, Mexiko, Peru, Persien, Ägypten. Ihr Wesenskern war Macht und Eroberung. Die Unsicherheit rief diese Entwicklung hervor – wie auch die Notwendigkeit, ebendiese Unsicherheit durch Macht, Eroberung, Besitz und Beherrschen zu bändigen. Damals muss sich die Beziehung zwischen Mutter und Kind von Grund auf verändert haben, wodurch das empathische Verhalten gegenüber Kindern gestört wurde.

Pjotr Alexejewitsch Kropotkin[13] hat ebenso wie der Anthropologe Ashley Montagu[14] oder auch Stanley Diamond[15], Theodore C. Schneirla[16], Irven DeVore, Melvin Konner[17] und bis vor Kurzem Sarah Blaffer Hrdy[18] nebst vielen anderen

Folgendes gezeigt: Kooperation und Empathie sind die bestimmenden Faktoren in unserer Evolution. Ferner beruht das Überleben einer Spezies nicht auf dem Untergang einer anderen.

> »Wenn wir Zuwendung oder Liebe rein biologistisch als Verhaltensweisen betrachten (...)«, schreibt Ashley Montagu, »dann können wir auch in Zuwendung und in Liebe ein neotenes Merkmal erkennen, (...) was in der menschlichen Gesellschaft dazu bestimmt ist, lebenslänglich gegeben und empfangen zu werden. In der Evolution der Menschheit hat die Liebe eine hochbedeutsame Rolle gespielt. (...) Es kann (...) kaum einen Zweifel geben, (...) dass keine der frühen menschlichen Gemeinschaften hätte überleben können, wenn nicht Liebe und Kooperation eine so bedeutsame Rolle gespielt und ihre einzelnen Mitglieder zusammen gehalten hätten.«[19]

Theodore C. Schneirla untersuchte bei vielen Lebensformen das Zuwendungs- wie auch das Vermeidungsverhalten, welches als Grundlage für friedliche oder abwehrend-aggressive Verhaltensmuster dient. Ihm gelang es zu zeigen, dass diese Muster, die auf empathisch gesteuerter Wahrnehmung basieren, schon bei der Geburt vorhanden sind. Niedrige Stimulusintensitäten, wie sie bei liebevollem mütterlichen Verhalten erzeugt werden, lösen Reaktionen der Annäherung aus; hohe Stimulusintensitäten, wie sie durch ablehnendes mütterliches Verhalten oder Bestrafung ausgelöst werden, bewirken Muskelreaktionen zum Zurückziehen und aggressives Verteidigen. Gleichzeitig prägt ein andauerndes Einströmen von Stimulusintensitäten das metabolische Muster eines Individuums, wodurch spätere Erregbarkeitsniveaus formiert werden, und tragen zu Eigenschaften wie aggressivem oder entgegenkommendem zwischenmenschlichen Verhalten bei. Dass diese grundsätzlichen Verhaltensformen, geprägt durch die früheste Mutter-Kind-Beziehung, etwas über unsere Evolutionsgeschichte mitteilen, wird in der archäologischen Literatur völlig übergangen und ausgeschlossen.

Deswegen wird der Wandel vom Empathischen zum Abstrakten in der menschlichen Geschichte gar nicht als wesentlicher Einschnitt wahrgenommen. Dieser offensichtliche Bruch in unserer Evolution muss etwa 8 000 bis 10 000 Jahre oder noch weiter zurückliegen. Er wird fälschlicherweise oft als Folge eines kognitiven Fortschritts gedeutet. Was wohl wirklich passierte, war die Wandlung von einer Dominanz der empathischen Wahrnehmungen zu einer Dominanz des abstrakten Denkens durch die Unterdrückung des mitfühlenden Empathischen. Wenn wir die über 35 000 Jahre alten Malereien in der Chauvet-Höhle betrachten, so konfrontieren diese Höhlenmalereien uns mit einer kreativen Freiheit, die ganz anders als die stereotypen Malereien der ägyptischen, persischen, indischen und anderen Zivilisationen wirken.

Dichter wie Clayton Eshleman haben die Freiheit dieser Malerei erkannt. Er schreibt, dass wir hier

> *»Zugang zur verleugneten Macht des Weiblichen (finden)... ihre Enge erlöst von der Enge moderner Existenz. ... Es ist eine erotisch-poetische Kraft, die gerade beim Sich-Versenken in ein weibliches Bewusstsein ... eine großartige, surreale Bildflut entwickelt.«*[20]

Vor über 35 000 Jahren wurden unsere Vorfahren noch vom Empathischen und nicht von dem verengten abstrakt-kognitiven Denken gesteuert. Was als Fortschritt betrachtet wird, entpuppt sich im Grunde als Entwicklung, die unser menschliches Wesen durch die Vorherrschaft des Kontroll- und Dominanzbedürfnisses reduziert hat.

Dieser Wandel muss auch die Basis für die Dominanz der linken Gehirnhälfte bei dem modernen Menschen sein. Die linke Gehirnhälfte, welche die rechte Körperseite steuert und in der sich bei rechtshändigen Menschen das Sprachzentrum befindet, wird üblicherweise als dominant bezeichnet. Die rechte Gehirnhälfte hingegen, die die linke Körperseite reguliert, betrachtet man als nicht-dominant und dafür zuständig, Gefühlserlebnisse zu integrieren. Die linke Gehirnhälfte identifiziert man als ausschlaggebend für das logische Denken, den Ablauf von Bewegungen und auch für die Unterdrückung des spontanen Affekts.

Seit über einem Jahrhundert wissen wir, dass ein Erwachsener aphasisch wird, wenn seine linke Gehirnhälfte verletzt ist. Das bringt einen Verlust des Sprachvermögens mit sich. Der Patient kann weder Worte finden noch aussprechen. Das Sprachzentrum der meisten Erwachsenen ist in der linken Gehirnhälfte angesiedelt. Nicht so bei Kleinkindern. Die Asymmetrie der Gehirnhälften bildet sich erst zwischen dem dritten und siebten Lebensjahr heraus. Das wiederum zeigt, dass die Dominanz der linken Gehirnhälfte nicht eine genetische Anlage des modernen Menschen ist, sondern mit der Entwicklung in unserer Kultur zu tun hat, die zur Dominanz der linken Gehirnhälfte führt.

Wird die rechte Gehirnsphäre vor dem zweiten Lebensjahr verletzt, führt dies zu größeren Beeinträchtigungen im Sprachverständnis als Schädigungen der linken Gehirnhälfte – also passiert genau das Gegenteil von dem, was einem Erwachsenen bei einer Schädigung des Gehirns passiert. Das muss bedeuten, dass die Differenzierung der beiden Hemisphären mit der fortschreitenden Entwicklung des Individuums zusammenhängt. Die Dominanz einer Sphäre wird also erst hervorgebracht und obliegt keiner genetischen Vorprogrammierung. Wir können davon ausgehen, dass das vorherrschende reduzierende Bewusstsein in unserer Kultur, das dem Männlichsein Hamlets entspricht, bei der Verlagerung unserer Gehirnaktivitäten in die linke Gehirnhälfte Einfluss ausübt. Dadurch wird das logische Denken dominant. Daher muss der Wechsel von Kooperation und Mitgefühl zu Besitz und Macht über andere und die Natur das menschliche Bewusstsein verändert und sich auch auf die Organisation unserer Gehirnstrukturen ausgewirkt haben. Die Umwendung von Empathie zu abstrakten kognitiven Denkweisen spiegelt sich folglich in einer Neuorganisation des Gehirns wider, bei der die linke Hemisphäre zur dominanten wurde. Und so kam es, dass das Menschliche, die Natur seiner Entstehung, seine Bestimmung, verdrängt wurde. Die Humanwissenschaften nehmen heute noch an, dass diese ›großen Zivilisationen‹, die auf Macht, Herrschaft und Gehorsam aufbauten, das Menschliche erst hervorgebracht hätten.

Was hier tatsächlich begann, war die Gleichsetzung von ›Größe‹ mit ›Fortschritt‹. Fortschritt ist zwar eng verbunden mit der Technikentwicklung und -bewunderung, aber nicht gleichbedeutend mit der Entwicklung des Menschlichen. Unbeachtet blieb die Umpolung der Motivationen, die Macht, Unterwerfung und das Beherrschen anderer förderten, wodurch das Menschliche, die Empathie und die damit verbundenen Fähigkeiten in Bedrängnis gerieten.

Empathie ist die Fähigkeit, an den Gefühlen, Intentionen, Ideen und manchmal auch an den Bewegungen eines anderen Menschen teilzunehmen, sie mitzuerleben oder nachzuempfinden.[21] Diese Fähigkeit entwickelt sich zusammen mit dem vegetativen Nervensystem und ist fester Bestandteil der wechselseitigen Interaktion zwischen der Mutter und dem sich entwickelnden Fötus. Die Integration dieser Interaktionen scheint sich beim Menschen in der rechten Gehirnhälfte abzuspielen.[22]

Wie die Interaktion zwischen den Gehirnhälften vor sich geht, das heißt, welche Dominanz sich entwickelt, hängt direkt von der bemutternden Person eines Kindes ab. Das

Gehör des Fötus ist schon im vierten Schwangerschaftsmonat funktionsfähig. Spätestens im letzten Drittel der Schwangerschaft hört das Kind die Stimme seiner Mutter.[23] DeCasper und seine Mitarbeiter fanden um 1980 heraus, dass Neugeborene schon in den ersten drei Lebenstagen in der Lage sind, die Stimme der Mutter von der anderer Menschen zu unterscheiden.[24] Wenn die Aufmerksamkeit der Mutter schwindet, versuchen Säuglinge, diese durch Mundbewegungen beim Stillen wieder zu erringen. Reagiert die Mutter, dann lernt ein Kind, dass es einen Austausch mit seiner Umwelt zustande bringen kann, dass es etwas bewirken und mitbestimmen kann. In diesem Kontext entwickeln sich das Selbst und die Sprache des Kindes. Töne, Rhythmen, die Emotionen der Mutter, ihre Erwartungen und Reaktionen bilden das Setting der Sprachentwicklung ihres Kindes, das sich in seinem Selbst entfaltet. Wenn aber seine Umwelt, und das ist in erster Linie seine bemutternde Person, nicht genügend auf das Kind eingeht, wird sich sein Bewusstsein verengen. Das umfasst seinen Zugang zu seinen empathischen Empfindungen insgesamt. Seine Sprachfähigkeit wird entsprechend eingeschränkt bleiben. Dies gilt besonders, wenn die Mutter kein eigenes mütterliches Bewusstsein entwickeln konnte, weil sie das reduzierende männliche übernehmen musste.[25] Betrachten wir die Evolution aus dem Blickwinkel der Empathie, gewinnen wir eine überraschend andere Perspektive. Die Geschichte menschlicher Entwicklung – unsere Evolution – ist dann nicht mehr auf Vorherrschaft, sondern auf Zusammenarbeit ausgerichtet zu sehen. Die Vorstellungen vom Überleben des Stärkeren geben, dies müssen wir zur Kenntnis nehmen, soziale Werte und Interessen wieder. Sie entsprechen unserer heutigen Sozialordnung, haben jedoch mit unserer Evolution wenig zu tun.

Die Fähigkeit zur Kooperation und das empathische Wahr-

nehmen entfalteten sich weder während die angeblich großen Zivilisationen entstanden, noch durch sie. Im Gegenteil,
diese Großzivilisationen unterdrückten und zerstörten besonders folgende Fähigkeiten: Einfühlungsvermögen, Fürsorge,
die auf empathische Wahrnehmung gründet sowie die Erkenntnis der eigenen Gefühle und Bedürfnisse im Anderen.
Solche natürlichen Begabungen entwickeln sich nicht bei Lern-
prozessen, die auf das Kognitive zielen. Es kommt vielmehr
auf den »Viszeral«-Aspekt des Lernens[26] an, der im fronto-
temporalen Bereich des limbischen Systems angesiedelt ist
und bis ins Innere eines Menschen reicht. Bestimmten ko-
operatives und empathisches Verhalten unsere Frühgeschich-
te, dann müssen wir lernen, unsere Vergangenheit und die
neuere Geschichte der letzten 10 000 Jahre in einem ganz
anderen Licht zu betrachten und wahrzunehmen. Der Wechsel von Kooperation zum Wettkampf widerlegt dann nämlich
die Annahme, unsere Vorfahren wären primitive Wesen und
unsere Sozialisierung eine Errungenschaft großer Zivilisationen gewesen. Statt davon auszugehen, das menschliche Bewusstsein habe sich in der Evolution fortschreitend von primitiver Aggression zur zivilisierten Konfliktlösung entwickelt,
muss man ganz im Gegenteil annehmen, dass erst in den
Zeiten, als das Konzept »Besitz« eingeführt und durchgesetzt
wurde, kooperative und gemeinschaftliche Sozialbeziehun-
gen sich aufzulösen begannen.

Menschen wie Tiere können aggressiv sein. Tierische Aggressivität ist aber nicht mit Zerstörung um der Zerstörung
willen gleichzusetzen. Wir Menschen hingegen foltern und
ermorden gezielt unsere Artgenossen. Wir Menschen waren
jedoch nicht immer so selbstdestruktiv. Noch vor Kurzem
vertrat Jonathan Haas vom Chicagoer Field Museum die Ansicht, Krieg und Kultur seien eng verbunden, ja Krieg fördere
Kultur.[27] Als jedoch im peruanischen Caral Kindergräber aus

der Zeitenwende ausgegraben und geöffnet wurden, fand man zahlreiche Hinweise auf Liebe und Fürsorge und entdeckte völlig überraschend, dass die dortige Stadtbevölkerung vollständig auf Befestigungsanlagen verzichtet hatte. Das veranlasste Jonathan Haas zu einer völligen Kehrtwende seiner Sicht und zu der Erkenntnis, Krieg gehöre eben doch nicht zur menschlichen ›Natur‹.[28]

Die ursprüngliche Natur des Menschen zu ergründen, ist nicht einfach. Über unsere Herkunft, unsere Evolution müssen wir allerdings nachdenken, um unsere Gegenwart besser zu verstehen. Dafür sind die Ursprünge und die Entwicklung des menschlichen Bewusstseins von wesentlicher Bedeutung. Abstrakte Ideen wie Ehre, Mut, Heldentum als Stärken, Empfindsamkeit und Schmerz als Schwächen zu deuten beschreibt unsere Mentalität und kennzeichnet unser Bewusstsein, das keineswegs immer charakteristisch für Menschen war.

Julian Jaynes veranschaulicht in seiner Studie »Der Ursprung des Bewusstseins«[29], wie unsere Realitätswahrnehmung und Lernfähigkeit geschwächt werden, wenn unwirkliche Begriffe wie Nationalstolz und »ideologische Reinheit« das Bewusstsein beherrschen und durch Gehorsam eingeimpft werden. Diese unanschaulichen, bloß ausgedachten Ideen haben weder eine genetische Basis, noch sind sie das Ergebnis einer ›natürlichen‹ Entwicklung.

Peter Brückner zeigte dies in seiner Analyse der pathologischen Effekte von Gehorsam in der Sozialisation der westlichen Gesellschaft.[30] Und auch ich selbst habe mich mit den Folgen von Gehorsam beschäftigt[31]: Gehorsam mindert unsere Realitätswahrnehmungen. Gehorsam wird aber nicht nur unmittelbar durch Strafe und Furcht produziert, sondern auch mittelbar durch den verinnerlichten Druck, Leistung produzieren zu müssen, und einfach nur durch Belohnung. Wir merken gar nicht, dass mit solchen Druckmitteln das

Verhalten hervorgerufen wird, sich an gesellschaftliche Normen anzupassen. Leistungszwang, schrieb der englische Schriftsteller Samuel Butler in seinem Klassiker »Der Weg allen Fleisches« (1903), sei das Kreuz des Mannes.

Jaynes belegt in seinem Buch, wie diese Art des Gehorsams schon vor der homerischen Zeit ein reduziertes Bewusstsein entwickelte. In der »Ilias« übernehmen die griechischen Götter die Verantwortung für die Taten der Menschen. Der Grund des menschlichen Handelns liegt in ihrem Gehorsam gegenüber den autoritären Göttern. Das löst die homerischen Menschen von der Verantwortung für ihre eigenen Handlungen ab. Nur wenig anders geschieht dies heute, wenn Befehle höherer Instanzen befolgt werden, um sich so von jeglicher Verantwortung zu entbinden und sich auch tatsächlich entbunden zu fühlen.

Stellen Sie sich nur einmal vor – und Religionsforscher wie Harald Strohm belegen dies –, dass die Götter in den Vor- und Frühzeiten alter Religionen nicht strafend, sondern gütig und wohlwollend waren.[32] Götter der Furcht, Verdammnis und Rache kannte man wohl erst seit dem Entstehen ›großer‹ Zivilisationen: Diese Schrecken brauchten die Herrscher offensichtlich, um ihre Ansprüche und den Gehorsam der Untergebenen zu gewährleisten. Furcht und Strafe sind dabei die wirksamsten Mittel, um Gehorsamkeit durchzusetzen. Und sogar Belohnung kann eine Form von Zwang sein, um Menschen gefügig zu machen, die darüber hinaus dann weiterhin glauben, sie würden« freiwillig handeln. Aber es geht auch heute noch anders. Die Götter der amerikanischen Indianer flößen immer noch keine Furcht ein. C. G. Jung beschreibt die Beziehung der Indianer zu ihren göttlichen Mächten am Beispiel der heutigen Pueblo-Stämme. Menschen teilen mit ihnen ihre Freude; eine Angst vor ihren Göttern existiert bei den Indianern nicht.[33]

Auch die Sprachen unserer Kulturen verstärken Prozesse, die uns immer gehorsamer und gefügiger machen. Darauf weist die Sprachforscherin Helen Lynd[34] hin. Wenn Sprache durch sozialen Druck einer auf Gehorsam fußenden Kultur entsteht, dann ist die Sprache selbst besonders wichtig für das Entstehen der Identität bei den Angehörigen dieser Kulturen. Beim Sprechen lernt das Kind, sich selbst im Licht der gegebenen und erlaubten sozialen Konventionen zu sehen. Dies bestimmt, wie es in Beziehung zu anderen Menschen treten kann. Gehorsam, ob durch Angst oder den Trieb zur Leistung erzielt, spielt also eine zentrale Rolle bei der Bildung der sozialen Identität.

Betrachten wir nur dieses Beispiel: Die Anthropologin Leacock beschreibt, wie Montagnais-Naskapi-Indianer, die von Jesuiten im 17. Jahrhundert in Kanada missioniert wurden, Verhaltensweisen entwickelten, die sich von ihrer früheren, durch Freiheit und Offenheit ausgezeichneten Art vollkommen unterschieden.[35] Sobald die Konvertiten den neuen religiösen Lehren gehorchten, suchten sie nach Wegen, um Stammesmitglieder zu bestrafen, die sich nicht hatten bekehren lassen.

Gehorsam scheint laut Lynd außerdem zu einem Bedürfnis nach Eindeutigkeit zu führen, was als Kriterium für eine »Verantwortung« herhält und wiederum ja nur den Autoritäten dient.[36] Diese falsche Verantwortung führt durch die Anpassung an soziale Normen zu persönlicher Kohärenz. Diese Kohärenz aber beruht auf Gehorsam. Sie unterscheidet sich grundlegend von einer Identität, die sich aus eigenen empathischen Wahrnehmungen herleitet, durch die Notwendigkeit, andersartige Verhaltensweisen bestrafen zu müssen. Denn abweichendes Verhalten bedroht die eigene Anpassung an den Gehorsam, stellt sie infrage und macht genau deswegen Angst.

Das ist ein – vielleicht sogar der hauptsächliche – Faktor, der die Gewalttätigkeit ideologischer Extremisten auslöst. Sie müssen Andersdenkende zum Schweigen bringen, weil diese ihre zusammengebastelte, auf Gehorsam basierende Identität bedrohen. Die falsche Verantwortung, so Lynd, verhindert die Entwicklung einer Sprache, mit der vielfältigere und komplexere Erfahrungen ausgedrückt werden können. Auf diese Weise spielt der Gehorsam eine entscheidende Rolle bei der Schwerpunktverlagerung auf die linke Gehirnhälfte, indem er eine isolierende und die Empathie beschränkende Wirkung auf das Bewusstsein ausübt. So kann Sprache eine Entwicklung auslösen, durch die behindert oder sogar verhindert wird, dass sich eine Sprache entfaltet, die fähig ist, emotionale Erfahrungen in Worte zu fassen. Unserer Sprache mangelt es, worauf Carol Gilligan in ihrem Buch »In a different Voice«[37] hinweist: an Entsprechungen für das weibliche Selbstgefühl.

Was hier in Gang kommt, ist uns nicht unmittelbar bewusst, geht aber mit der Sprachentwicklung einher, die in unserer Kultur eine wichtige Rolle bei der Trennung von Affekt und Denken spielt. Edward Sapir beschrieb, wie Sprache nicht nur dazu dient, Erfahrungen zu kommunizieren, sondern auch, diese zu definieren.[38] Wie es in den westeuropäischen Sprachen um ein Schema der Verdinglichung geht – die Verräumlichung von Qualitäten und Möglichkeiten, die durchaus unräumlich sind –, zeigte sein Schüler Benjamin Lee Whorf:

> *Die dingliche Bedeutung der Substantive greift bei uns von physischen Körpern auf Gegenstände gänzlich anderer Art über. Da physische Körper und ihre Begrenzung im wahrgenommenen Raum durch Termini der Größe und Gestalt bezeichnet und mittels Kardinalzahlen und des Plurals gezählt werden, dehnen sich diese Schemata der Bezeichnung und des Zählens auf Symbole mit unräumlicher Bedeutung aus und suggerieren uns so einen ›imaginären Raum‹.«[39]*

Konkret bedeutet dies, dass sich die objektive Zeit nach unserer Auffassung in die Zukunft genauso wie in die Vergangenheit erstreckt. Wir geben daher Aufzeichnungen der Zukunft die gleiche Form wie Aufzeichnungen der Vergangenheit. Wir greifen deswegen ständig auf physikalische Metaphern zurück und fassen Zeit in quasiräumlichen Einheiten auf, durch die wir die Zeit messen. Zeit wird so bei uns zu einem homogenen Fluss, der im Verhältnis zur Zahl der Einheiten fließt. In der Folge teilen wir dann Leistungen pro Zeiteinheit gemessenen Werten zu – ein Verfahren, das den Aufbau einer kommerziellen Zeitstruktur gestattet: Zeitlöhne, Kredit, Zinsen, Versicherungsprämien, etc.

Vergleichbare Ausdrücke in Bezug auf die Zeitvorstellung fehlen in der Sprache der Hopi, die Raumbegriffe nicht für Unräumliches gebrauchen. Dagegen verfügt Hopi über vielfältige Mittel in der Konjugation und bei der Wortbildung, um Dauer, Intensitäten und Tendenzen unmittelbar auszudrücken. Hier, wenn wir genau hinsehen, merken wir, dass unsere Sprachen Affekte vom Denken trennen, Hopi aber auf Gefühlswerte pocht. Wir analysieren die reale Welt vornehmlich in Begriffen einer Verbindung von »Dingen«, die ausgedehnte, aber formlose Entitäten sind. Im Hopi-Mikrokosmos wird die Wirklichkeit mit Ereignis-Ausdrücken analysiert, und zwar zweifach, einmal objektiv und einmal subjektiv. Damit wird die Natur eines Seienden anerkannt, das sich als ein bestimmtes Ganzes manifestiert: sein Wachsen und Abnehmen, seine Stabilität, seine Zyklizität und sein schöpferischer Charakter. Die Hopi haben immer die gesamte Situation vor Augen und zerstückeln nicht wie wir ihre Wahrnehmungen in Teile, weshalb wir nie das Ganze einer Situation vorstellen und vervollständigen können. Bei den Hopi scheint die rechte Gehirnhälfte beim Wahrnehmen dominant zu sein.

Die Hopi legen Wert auf die Macht von Wünschen und

Gedanken, schreibt Whorf außerdem. Indem ihr Bewusstsein diese nicht trennt, bleibt ihre Wahrnehmung durchaus empathisch. Wir dagegen sehen Dinge, als ob sie von den Kräften des Lebens isoliert seien. Wir bevorzugen Produktions- und Verhaltensweisen, die sich schematisieren lassen und wir sind im Allgemeinen nur allzu sehr bereit, uns jeder Routine zu unterwerfen. Routine jedoch vermittelt falsche Sicherheit. Unsicherheit wird dadurch im Gegenzug zu etwas, das nicht nur nicht existiert, sondern auch als anormal und unwürdig klassifiziert werden kann und so zu einem unbewussten Vorgang verändert wird. Die Sorglosigkeit, die sich im rücksichtslosen Autofahren oder im Fortwerfen von Abfällen äußert, sind nur zwei Aspekte dieses Unbewussten.

Für die Hopi dagegen, da ihr Bewusstsein nicht reduziert ist, bleibt es ein Reich von Erwartungen, Wünschen und Zwecken. Ihr Bewusstsein ist eine Fundgrube des aktivierenden Lebens, von wirklichen Ursachen, die sich aus dem innersten Reich, dem Empathischen, manifestieren. In der Hopi-Sprache werden unsere Dingsätze stets in Ereignissätze umgeformt. Das Erlernen unserer Sprachen, in denen auf eindeutige und präzise Genauigkeit gepocht wird, erzeugt abgestumpfte und konventionelle Wahrnehmungen und verkleinert unser Bewusstsein. Sprache ist deswegen weniger eine Spiegelung von Gedanken als vielmehr eine Form, in die Gedanken gegossen werden.[40]

Diverse Analysen stützen diese Thesen. Ernest G. Schachtel zeigt in »Memory and Childhood Amnesia«[41] wie Kindheitserinnerungen in unserer Sprache nicht reproduziert werden können, da die Sprache der Erwachsenen keine Kategorien für die intensiven Erlebnisse hat, die so typisch für die frühe Kindheit sind. Was so viele der angeblich primitiven Völker von denen der großen Zivilisationen unterscheidet, ist ihre Vielfalt bezüglich der Wahrnehmung der Welt und ihrer sprachlichen Fähigkeit, diese wiederzugeben. In diesem Punkt sind sie uns weitaus überlegen und bewahren sich eine Sensibilität in allen empathischen Bereichen. Seit aber Kampf, Eroberung und Unterdrückung das Leitmotiv unserer Weltzivilisation bilden, wurde alles, was auf empathischen Wahrnehmungen gründet, als schwach eingestuft. Leid, Schmerz, Trauer wurden zum Fluch des Männlichen und deswegen aus dem Bewusstsein verdrängt. Aber dennoch bedeuten diese drei verdrängten Stimmungen eine dauernde Bedrohung des Männlichen; sie halten uns unter Druck. Angst wird auf diese Weise zum Kern des eigenen Seins: Die Angst, den Erwartungen der Autoritätsperson nicht zu genügen; aber auch die Angst, eigene Gefühle zu haben; und schließlich die Angst, weil Selbst-Sein ungehorsam zu sein bedeutet. Dem männlichen Ethos entsprechend muss man so tun, als sei man sich sicher, muss Unsicherheit von sich weisen, Verletzlichkeit verneinen, auch wenn das eigene Tun ständig darauf ausgerichtet ist, nicht verletzt werden zu können. Folglich ist die Angst, verletzbar zu sein, unentwegt präsent; ständig muss man eine Abwehrhaltung einnehmen, denn man fühlt sich ja auch ununterbrochen bedroht. Um sich sicher zu fühlen, darf man andere nicht zu nahe an sich heranlassen, muss Distanz bewahren, aber dennoch so tun, als ob Kameraderie, Gleichheit und Team-Spirit vorherrschend seien.

Schmerz und Leid als Zeichen von Schwäche zu deuten, verfestigt deren Entwertung und zieht physiologische Konsequenzen nach sich, die sich wiederum in feindlichem Verhalten äußern. Jack Panksepp wies nach, wie Schmerz und Leid durch liebevolle Unterstützung gelindert werden. Werden Schmerz und Mitgefühl jedoch unterdrückt, weil sie kulturell als Schwäche stigmatisiert sind, dann verhindert die Schmerzverleugnung, dass Opioide, besonders Endorphine, im Körper freigesetzt werden. Dann aber können Schmerzen nicht gelindert werden. Folglich verschärft sich die Bedingung für die Entwicklung des Machttriebs, denn die erneut resultierende Unsicherheit muss wiederum kompensiert werden.[42]

Schmerz und Trauer wurden zum Anathema, zum Verfluchten der patriarchal geprägten Welt. Die Trias Leid, Schmerz und Trauer wird aus dem Bewusstsein verdrängt und muss, weil sie ständig das Männliche bedroht, unterdrückt werden.

WODURCH WURDE DAS MENSCHLICHE EIGENTLICH ZURÜCKGEDRÄNGT?

Die vorkapitalistischen, archaischen Gesellschaften waren nicht-kumulative Gesellschaften. Ihre Produktionsbedingungen ermöglichten, wie Lefebvre und Diamond[43] es beschrieben haben, stabile gesellschaftliche Strukturen. Diese frühen Gesellschaften verfügten einheitlich über gemeinwirtschaftliche ökonomische Grundlagen; eine Ausbeutung von Menschen durch Menschen fand nicht statt.

In primitiven Gesellschaften brauchte niemand zu hungern, während andere zu essen hatten: »... man kann im Allgemeinen sagen, dass niemand in einem Dorf der Nuer Hunger zu leiden braucht, es sei denn, alle seien am Verhungern.«[44] Solche vermeintlich primitiven Institutionen sind dem Menschen durchaus angemessen, weshalb Diamond sie als gleichgewichtige Systeme beschreibt, die sich wie Kaleidoskope um ihre eigenen Achsen drehen.

»Die Zivilisation darf (andererseits) als ein System mit innerem Ungleichgewicht betrachtet werden; die Technik oder die Ideologie oder die Gesellschaftsordnung sind immer ungleichzeitig

*zueinander – und genau das ist es, was das System auf seiner
vorgezeichneten Bahn vorwärtstreibt. Unser Gefühl der Bewegung, der Unvollständigkeit, trägt zur Idee des Fortschritts bei.
Daher gehört die Idee des Fortschritts wesensmäßig zur Zivilisation, (während) unsere Idee der primitiven Gesellschaft als einer
Gesellschaft, die sich im Zustand dynamischen Gleichgewichts
befindet (sich) mit der tatsächlichen historischen Verfassung
primitiver Gesellschaften (deckt).«*[45]

Die Geschichte der großen Zivilisationen ist eben anders.
Sie handelt von Eroberung und Unterdrückung und nicht
davon, ein dem Menschen angemessenes Leben zu ermöglichen, seinen Bedürfnissen nach Kooperation, Gleichgewicht
und Wärme zu entsprechen. Solch eine Erkenntnis schiebt
man beiseite, wenn man als Anthropologe oder Historiker
Wörter wie »Kulturwandel« gebraucht. Die Kluft zwischen
Aggressoren und Opfern, zwischen Macht und Unterworfe-
nen wird ausgeklammert, der Aggressor wird darüber hinaus
als der Überlegene, das Opfer als der Schwächere eingestuft.
Genau an dieser Schnittstelle stattet man Macht mit Größe,
Stärke, Autorität und moralischem Wert aus. Der Übergang
von empathisch-kooperativen Gesellschaften zu konkurrie-
renden Gesellschaften, in denen Machtdenken die Wahrnehmungen bestimmen und festlegen, entspricht einer Bewusst-
seinsänderung, muss aber auch zum Feinddenken geführt
haben.

Aber während Besitztum und autoritäres Verhalten sich
entwickelten, mussten auch Strukturen des Gehorsams entwickelt werden, um Besitz und Autorität rechtfertigen und
verteidigen zu können. Und Feinddenken muss sich hier entwickelt haben, um Besitz und Autorität zu untermauern.
Feinddenken ist ein Ablenkungsmanöver, sodass der eigentliche Feind, der Aggressor und Unterdrücker, nicht wahrgenommen werden kann. Indem Menschen sich einem Mäch-

tigen unterwarfen, weil sie glaubten, dadurch an dieser Macht teilhaben zu können, konnten sie den eigentlichen Feind nicht mehr erkennen. Man muss dann den Feind im Außen finden, um ihn für die Demütigung der erlebten, selbstverschuldeten Unterjochung zu bestrafen, die man nicht zugeben darf.

Jane Kramer zeigt uns in einer Reportage aus der oberhessischen Stadt Schlitz, die acht Jahrhunderte lang von einer adeligen Familie beherrscht wurde, wie Knechtschaft gar nicht infrage gestellt wird, wenn vermeintliche Bedrohung zum Dauerzustand gemacht wird.[46] Für ihre Knechtschaft versprach diese adelige Familie den Bürgern Schutz vor Feinden. Der Oberbürgermeister der Stadt erklärte in einem Interview mit Kramer, dass die Schlitzer bereit seien, jedem zu folgen, der ihnen Befehle erteile, solange die Befehle sich als gegen einen Feind gerichtet verstehen ließen. Für diese Bürger war eine Welt ohne Feind gar nicht möglich. Nur eine Autorität, die auf Feinde verwies, vermittelte ihnen ein Gefühl von Sicherheit.

In seinem Roman »Warten auf die Barbaren« fragt John M. Coetzee, wieso es für uns unmöglich geworden ist, »in der Zeit zu leben, wie die Fische im Wasser, wie die Vögel in der Luft, wie die Kinder?«[47] Damit deutet er darauf hin, dass authentisch-empathisches Erleben nicht möglich ist in einer Kultur, die einerseits den Verstand verherrlicht, andererseits ihn problematisch macht, indem sie von Geburt an unser Gefühlsleben verkümmern lässt. Wir verdammen uns dazu, in unserer Geschichte zu leben, schmieden jedoch ein Komplott gegen diese Geschichte, indem wir dazu gebracht werden, von Gedanken beherrscht zu werden, um im ständigen Wettbewerb nicht unterzugehen. Wir befinden uns deshalb in einem ständigen Überlebenskampf, dessen Ziel es ist, nicht schlechtgemacht oder abgewertet zu werden, nicht zu versagen. Was authentisches Erleben sein sollte, wird dadurch irrational, weil die Angst zu versagen oder unterzugehen, Menschen die unmittelbare Verbindung mit den primären Kräften des wirklichen Lebens raubt.

Die unnachsichtige Erforschung des Selbst, sowohl hinsichtlich des tatsächlichen Zustandes als auch der vorstellbaren Alternativen, wäre die Voraussetzung für ein wahres geschichtliches Bewusstsein. Hier aber liegt das Problem: Wenn das Selbst von Gedanken beherrscht ist, die Lebendigsein mit Überlebenskampf, Wettbewerb, Besitz und Macht verwechseln, dann ist ein Mensch nicht mehr in der Lage, andere Menschen als Angehörige derselben Gattung zu verstehen, ihre innere Natur und ihre Handlungen zu erkennen.

»Das Reich«, Coetzee meint damit unsere Zivilisation, »hat die historische Zeit geschaffen. Das Reich hat seine Existenz nicht im ruhigen, wiederkehrenden Kreislauf der Jahreszeiten verankert, sondern in der zerklüfteten Zeit von Aufstieg und Niedergang, von Anfang und Ende, von geschichtlichen Katastrophen. Das Reich verdammt sich selbst dazu, in der Geschichte zu leben und ein Komplott gegen diese Geschichte zu schmieden. Einzig ein Gedanke beherrscht das Unterbewusstsein des Reichs. Wie ist es möglich, nicht zu enden, nicht unterzugehen, seine Ära zu verlängern. Bei Tag verfolgt es seine Feinde. Es ist schlau und rücksichtslos, es schickt seine Bluthunde in jeden Winkel. Nachts nährt es sich von Katastrophenbildern: Plünderungen von Städten, Vergewaltigungen der Bevölkerungen, Pyramiden von Knochen, Verwüstungen weit und breit.«

Eine krankhafte Vision, doch eine ansteckende. Es ist, als ob der Mensch selbst zum Feind des Menschen geworden ist. Feinddenken wird zur Raison d'Être des Lebens. Zivilisation, aufgebaut auf Herrschen und Unterdrückung, beinhaltet Bedrohung, denn Besitz und Eigentum müssen verteidigt und das Aufbegehren der Unterdrückten muss bekämpft werden.

Die Feinde von außen, wie in Coetzees Roman, arrangieren erst den Zusammenhalt einer sonst zersplitterten Gruppe.

DAS BÖSE IM ANDEREN: FEINDDENKEN

Warum ist Feinddenken so universal? Warum verleiht ein imaginärer oder wirklicher Feind einer Gesellschaft so rasant und plötzlich das Gefühl von Solidarität und von einem gemeinsamen Zweck? Was bringt Feinddenken hervor? Ganz einfach: Unterjochung und Unterwerfung! Wer sich oder andere unterwirft, weil er sich mit der Stärke des Unterdrückers identifiziert, um an ihr teilzuhaben, verwirkt jede Möglichkeit, den Feind im aktuellen Aggressor zu erkennen.

Natürlich sind wir nicht alle zum selben Grad von diesen Prozessen betroffen. In unserer Menschheitsgeschichte reagieren Menschen durchaus unterschiedlich. Das hat natürlich mit der Vielfalt von Charakter- und Persönlichkeitsstrukturen zu tun. In den anthropologischen Beschreibungen primitiver Völker, die sich unseren Zivilisationen noch nicht untergeordnet haben, wird immer wieder auf die Vielfalt der Persönlichkeiten im Vergleich zur Einförmigkeit in unserer Zivilisation ausdrücklich hingewiesen. Offensichtlich ist es doch so: Je autoritärer die früheste Erziehung und je distanzierter sie sich zu Liebe und Zärtlichkeit verhält, desto einförmiger sind die Unpersönlichkeiten, die unsere Zivilisation hervorbringt und desto mehr ist unsere Erziehung von Feinddenken und Gewalttätigkeit bestimmt.

Trotzdem ignorieren wir ständig, dass eben auf dieser frühesten Interaktion zwischen Mutter und Vater und ihrem Kind die menschliche Evolution im Wesentlichen beruht. Alle Individuen werden von Müttern geboren, sodass, wie

Erik Erikson es formulierte, »jeder mal ein Kind war; dass Menschen und Völker im Kinderzimmer ihren Anfang nehmen, und dass eine Gesellschaft aus Einzelnen im Prozess der Entwicklung vom Kind zu Eltern, besteht.«[48]

Politiker, Historiker, Archäologen und Evolutionsbiologen übersehen aber absichtlich, so scheint es, wie zentral die Rolle der Mutter-Kind-Bindung ist und wie entscheidend sie sich auf die Gesellschaft auswirkt. Indem ihre Bedeutung für unsere Evolution verneint wird, bleiben unser menschliches Selbstbild, unser Werdegang und unsere Zukunft lückenhaft und gespenstisch unwirklich. Wo empathisches Bewusstsein zerstört oder verdrängt wird, wird in die Entwicklung der menschlichen Evolution eingegriffen. Wenn ideologische Slogans und abstrakte Verhaltensregeln empathische Wahrnehmungen verdrängen, nehmen wir Wirklichkeit mit einem Mal anders, nämlich unwirklich und reduziert wahr. So bahnt sich die Reduktion der Wirklichkeit an. Die Ganzheit wird zerstückelt, die Teile der uns umgebenden Welt bleiben unbeachtet, folglich kann diese veränderte Wirklichkeit gar nicht anders als zerstörerisch wirken.

FORTSCHRITT ALS PROBLEM?

Deshalb bringt der ›Fortschritt‹ immer unfassbare gesellschaftliche Probleme mit sich. Echte Lösungen für die Unfassbarkeit benötigen eine Konfrontation mit dem, was uns reduziert. Armut, Kriminalität, Arbeitslosigkeit, Gewalt, Drogenabhängigkeit, Depression, die Psychosomatik unserer Rückenprobleme und vieles andere mehr: Diese Probleme zu lösen, hieße, wir müssten unser Bewusstsein erweitern, das wieder unsere Empathie und unser Mitgefühl herstellen und umfassen würde. Doch genau das fällt uns deshalb so schwer, weil wir aufhören müssten, *unser Selbst zu verleugnen und unserem Selbst entgegenzuwirken.* Wir müssten aufgeben, was unsere Kultur von uns Tag für Tag verlangt: *Erfolg zu haben.* Wer aber die Forderung nach Erfolg akzeptiert, akzeptiert auch das Mittel dafür: *Mitmachen.* Hier beginnt der *Gehorsam.* Wir bestreiten das und verneinen es, weil es scheint, als ob Gehorsam nur eingesetzt wird, um uns zu eigenständigem Erfolg zu verhelfen.

Sehen wir dazu ein paar Beispiele an. Die Forschungen von Bluvol und Roskam über Autonomie zeigen deutlich, dass eine klare Linie zwei Gruppen trennt: Eine Gruppe hat sich schon im Jugendalter dem Erfolg verschrieben und ergeben, während für die anderen Erfolg kein wichtiger Bestandteil ihres Lebens ist.[49] Schon in meinem Buch »Wahnsinn der Normalität«[50] habe ich geschildert, wie unfähig leistungsorientierte Schüler sind, ihre Eltern konkret zu beschreiben: Sie idealisierten ihre Eltern und andere Autoritäten, erinnerten sich an fast keinen Traum und leugneten Ängste oder Konflikte.

Wenn diese ›Streber‹ Mitschüler abwerten und schlechtmachen konnten, fühlten sie sich unabhängig und individuell. Dagegen fühlten sich weniger ehrgeizige und kaum erfolgversessene Schüler keineswegs als Versager, aber auch nicht anderen gegenüber als überlegen. Vielmehr verdankte sich ihr Selbstbild inneren Erlebnissen und eigenem Mitempfinden. Die Leistungsorientierten wiederum stützten ihre vermeintliche Sicherheit, indem sie alles vermieden, was neu, anders und fremdartig war. Gleichbleibend und unzweideutig war ihre Welt. Die Trennung von inneren Gefühlen, die um Empathie kreisen, das sehen wir hier deutlich, wird schon früh in der Sozialisierung vorangetrieben.

Das führt dann dazu, dass gesellschaftliche Probleme eigentlich nicht von jenen gelöst werden können, die von ihrem empathischen Erbe getrennt wurden. Da es aber gerade diese sind, die sich dem Erfolg, der Leistung und der Macht widmen, und deswegen an der Macht sind, wird ihre ›Realität‹ die gesellschaftliche Richtung bestimmen. Ihr reduziertes Bewusstsein kann nur destruktiv wirken.

WENN WIR NICHT WAHRNEHMEN KÖNNEN, WAS WIRKLICH IST – DIE TÖDLICHE PFLICHT ZUM GEHORSAM

Gehorsam bringt eine unmögliche Wirklichkeit hervor. Gehorsam führt zu einem Kreislauf der Geschichte, wodurch diese sich ständig wiederholt – ein Ausbruch scheint unmöglich zu sein.

Gehorsam war das Instrument, mit dem Herrschaft und Besitz abgesichert wurden, als sich diese Strukturen herausbildeten. Dies gelang, indem die Mächtigen den Unterdrückten die Identifikation anboten, damit diese scheinbar aus ihrem Elend und ihrer Machtlosigkeit gerettet werden oder sich selbst retten. Diese Identifikation führt zu dem, was der finnische Psychoanalytiker Marrti Siirala treffend als »illusorischen Besitz der Realität« beschrieb.[51] Wie tief dieser Mechanismus verankert ist, zeigt die paradoxe Tatsache, dass Rebellion, die zunächst im Namen der Freiheit ausgerufen wird, selbst so oft wieder in autoritären Machtverhältnissen endet.

Solche Rebellen sind den Mächtigen, die sie bekämpfen, ähnlicher, als ihnen selbst und ihren Mitläufern bewusst ist. Sie sind nicht wirklich anders. Wahre Rebellion würde bedeuten: Der Rebell gibt seine Identifikation mit der Macht, mit dem Gehorsam auf. Diese Identifikation hat nämlich zur Folge, dass man sich entweder unterordnet oder selbst nach Macht strebt. Diese Erkenntnis hilft uns dabei zu verstehen, warum dieser historische Kreislauf sich dauernd wiederholt.

> *»Wie«, schrieb Proust im 20. Jahrhundert, »können wir den Mut haben in einer Welt zu leben, wo die Liebe durch eine Lüge ausgelöst wird und nur aus dem Bedürfnis besteht, unser Leiden von denen lindern zu lassen, die es uns zugefügt haben?«*[52]

Proust erkannte etwas fundamental Bedeutsames: Wir sehnen uns in den Gehorsamskulturen danach, von denen erlöst zu werden, die uns leiden lassen, verbunden mit der Unfähigkeit, diese als Täter zu erkennen. Unter dem Diktat des Gehorsams entwickelt sich ein Bewusstsein, das geprägt ist von der Unfähigkeit, das eigene empathische Erleben wahrzunehmen, weil dieses mit Angst und Unsicherheit als Zeichen von Schwäche gebrandmarkt ist. Obwohl die Angst uns antreibt, muss sie verleugnet und ins Unbewusste verdrängt werden. Hier offenbart sich der Teufelskreis unserer Entwicklung. Sie ist durch eine Kultur geprägt, die Eltern dazu bringt, die Lebendigkeit und Lebenslust ihrer Säuglinge als störend oder gar bedrohend zu erfahren. Ein Kind wird dann bald voller Angst und Unbehagen sein. So lernt es früh, dass der Teil in ihm, der sein eigenes ursprüngliches Selbst ist, die Beziehung zu den Eltern gefährdet und deshalb schlecht ist. Das Eigene wird unversehens zum Fremden gemacht. Dieses eigene Fremde aber muss von nun an beständig bekämpft werden.

So wird es unterdrückt und durch ein erwartetes Verhalten ersetzt. Doch Angst und Unbehagen bleiben. Und sie verstärken sich in Momenten existenzieller Not – durch Arbeitslosigkeit, den Verlust von Status und persönlicher Bedeutung und andere Unsicherheiten einer auf Wettbewerb basierenden Gesellschaft, die Menschen demütigt und ausgrenzt. Diese stets präsenten Ängste werden in wirtschaftlich guten Zeiten dadurch in Schach gehalten, dass Menschen sich durch ihre Teilnahme an dem Konsum von Gütern als Teil der Gesellschaft erleben.

Heutzutage fühlen Menschen sich durch die Möglichkeiten dieses Konsums in ihrer Identität gefestigt. Der Besitz von Dingen gibt ein Gefühl des Wohlbefindens und deshalb eine Art von Identität und Zugehörigkeit. Sobald jedoch Besitz und Konsum bedroht sind, bricht ein solches Identitätskonstrukt zusammen, und die stets lauernden Ängste brechen wieder hervor. Wie also können solche Menschen realistisch mit gesellschaftlichen Problemen umgehen, wenn ihre Sicht durch ein reduziertes Bewusstsein bestimmt wird?

DAS REDUZIERTE BEWUSSTSEIN
IM BEREICH DER WISSENSCHAFT

In »Verrat am Selbst«[53] habe ich die folgende Situation ausführlich beschrieben: Nachdem mindestens 38 ihrer Nachbarn die Ermordung der Sozialarbeiterin Kitty Genovese beobachteten, ohne ihr zu helfen oder die Polizei zu verständigen, widmeten sich Latané und Darley 1969 dem Fall in einem Forschungsprojekt.[54] Die Forscher glaubten, ihr Resultat würde zeigen, dass die ausschlaggebenden Dimensionen dieses Ereignisses nicht mit moralischem Mangel, Gefühllosigkeit oder Entmenschlichung zu tun hätten.

»... angesichts einer Situation, aus der für die umstehenden Personen kein Vorteil zu holen ist«, so vermuteten sie, wäre »es

wahrscheinlich überraschend ..., wenn überhaupt jemand ein-
greifen sollte ..., es gibt nämlich wenig positive Belohnung für
erfolgreiches Eingreifen bei einem Notfall.«

Mit anderen Worten: Empathie existiert nicht oder lohnt sich nicht. Diese Forschungsarbeit erhielt den Preis der Amerikanischen Gesellschaft für den Fortschritt der Wissenschaft im Bereich Sozialpsychologie (AAAS). Tatsächlich aber legitimierte diese Untersuchung ein reduziertes Bewusstsein wissenschaftlich.

Diese Art von Wissenschaft hat nicht nur zugenommen, sie bestimmt auch weitgehend das, was zurzeit die Natur des Menschen definiert. Hier wird Empathie als Fundament unserer Menschlichkeit völlig ausgeblendet.

In zahlreichen Arbeiten – von Harsanyi[55], Fehr und Fischbacher[56], Bowles[57], Richerson[58], Gürerk[59] und anderen – werden Kooperation, Altruismus und Egoismus als Eigenschaften betrachtet, die angeblich nur von wirtschaftlichen Motiven bestimmt sind. Kooperation beispielsweise sei immer mit einem Nutzen verbunden: entweder nütze sie zur Steigerung von Gewinn und Profit, oder man verwende sie als Mittel zum Zweck, um ein möglicherweise strafbares Versagen auszuschließen. Empathie als Motivation existiert in diesen Konzeptionen nicht. Gewinn und Profit werden als einzige und universale Verhaltensquellen legitimiert. Bereits das Modell der verschiedenen Experimente, öfters auch Game-Theorien genannt, ist so angelegt, dass schon im Voraus nur das Profitmotiv als einzig mögliches die Resultate bestimmen kann. Offensichtlich existiert aber kein Bewusstsein dafür, dass bereits das Modell das Resultat vorherbestimmen könnte. Indem diese Experimente den Anspruch erheben, altruistisches Verhalten zu objektivieren, reduzieren sie unser Verständnis vom Menschen, wie auch das seiner evolutionären

Entwicklung. Unserer Beobachtung werden auf diese Weise gerade jene Aspekte unseres Verhaltens entzogen, die um die menschliche Fähigkeit der Empathie kreisen. Und genau das entmenschlicht uns.

2011 wurde eine Forschungsarbeit vorgestellt, die belegen sollte, dass Menschen, die sich und andere belügen, glücklicher, wohlhabender und gesünder seien als diejenigen, die weder sich noch andere belügen. »Lache, und die Welt lacht mit Dir. Weine, und Du weinst allein«, ist das Motto der Selbstbetrüger. »Self-deception« (Selbst-Täuschung) steigere den Selbstwert, heißt es in dieser Studie weiter[60], wodurch man größeres Selbstvertrauen ausstrahle und dadurch andere beeinflusse. Diese Ausbildung wiederum wird als ein evolutionärer Prozess betrachtet, um angeblich die Täuschung anderer zu fördern.

Die Autoren sehen diese Entwicklung zum Selbstbetrug als positives Resultat eines Kampfes um Reichtümer. Als Beleg dafür führen sie eine Reihe von Tests auf, in denen ein Teilnehmer sich vor allem auf retuschierten Fotos identifiziert, die attraktiver sind als die ursprünglichen Originale. Die Prozedur und die Studie müssen an dieser Stelle nicht weiter dargestellt werden. Jedoch muss bemerkt werden, dass allein das Testverfahren der Wissenschaftler zur Untermauerung der Studie erhebliche Mängel aufweist und nur in die Irre führen kann. Die Autoren wissen scheinbar nicht, dass viele Menschen sich selbst überhaupt nicht erkennen können, weil sie im Grunde sich selbst ablehnen. Diese Situation und Erfahrung beschreibt Freud auch in seinem Aufsatz »Das Unheimliche«:

> »Ich saß allein im Abteil des Schlafwagens, als bei einem heftigeren Ruck der Fahrtbewegung die zur anstoßenden Toilette führende Tür aufging, und ein älterer Herr im Schlafrock, die Reisemütze auf dem Kopfe, bei mir eintrat. Ich nahm an, daß

er sich beim Verlassen des zwischen zwei Abteilen befindlichen
Kabinetts in der Richtung geirrt hatte und fälschlich in mein
Abteil gekommen war, sprang auf um ihn aufzuklären, erkannte
aber bald verdutzt, daß der Eindringling mein eigenes, vom
Spiegel in der Verbindungstür entworfenes Bild war. Ich weiß
noch, daß mir die Erscheinung gründlich mißfallen hatte.«[61]

Ganz ähnlich beschrieb Ernst Mach in seiner »Analyse der
Empfindungen« ein beinahe identisches Erlebnis.[62] Wissenschaftler wie Hippel und Trivers – die beiden Autoren der
eben erwähnten Studie – halten uns eine reduzierte Welt von
Erscheinungsbildern vor Augen. Wenn empathische Wahrnehmungen ausgeschaltet sind, können sie nicht die Totalität
unserer Welt erfassen und reduzieren zugleich die Möglichkeit einer realen Analyse des menschlichen Verhaltens. Indem noch dem Selbstbetrug eine darwinistische Deutung
beigegeben wird, werden Erfolg und Reichtum zum grundlegenden Ziel unserer Evolution gemacht.[63]

Ganz anders sah das noch der Soziologe Charles W. Mills
in seinem Klassiker »The Power Elite«[64], in dem er zeigte,
wie solche Menschen äußeren Erscheinungsbildern nachei-
fern: Sie erreichen und erhalten ihre gesellschaftlichen Posi-
tionen, indem sie sich in die Pose der »tatkräftigen Persönlichkeit werfen ... Man gibt sich charmant, lächelt oft, zeigt
sich als guter Zuhörer, unterhält sich über die Interessen des
andern und bringt ihn dazu, sich wichtig zu fühlen. Und all
dies wird mit großer Aufrichtigkeit getan ... Man muss dauernd andere – und auch sich selbst – davon überzeugen, dass
man das Gegenteil dessen ist, was man wirklich ist.«

Die Forschung von Hippel und Trivers reflektiert nicht.
Sie orientiert sich nur an »äußerlicher Erscheinung« und
blendet jede Analyse von Ursachen aus. Der darwinistische
Ansatz lässt jeden, der mit den Verhältnissen nicht einver-
standen ist, als Idioten erscheinen, denn er müsste doch nur

sich und andere belügen und könnte so sein Glück finden. *Und so wird Selbstbetrug zum Kriterium des Erfolgs.*

DAS REDUZIERTE BEWUSSTSEIN
UND DER HASS

Richard Sorensen studierte das Verhalten von Studenten in tibetanischen Klöstern mehrere Jahre vor dem Einmarsch der chinesischen Eroberer.[65] Die Atmosphäre in den Schulen war entspannt und ohne Konkurrenzgedanken. Essen, Gebrauchsgegenstände, Süßigkeiten, alles wurde geteilt, aber auch der Prozess des Lernens. Sportlicher Wettbewerb war den Studenten fremd. In sportlichen Disziplinen wie beispielsweise Tischtennis interessierte sie nur, wie oft und wie lange der Ball in Bewegung gehalten werden konnte. 1959 kam die chinesische Armee. Tausende der Mönche und Studenten flohen in benachbarte Länder wie Indien. Dort wurden bald mit dem Geld von reichen Stiftern neue Klosterschulen für sie erbaut. Die Absichten der Stifter schienen positiv, und doch brachten sie wesentliche Elemente ihrer westlichen Erziehung mit in die neu erbauten Klostermauern: Wettbewerb und Leistung.

Im Laufe der Zeit verminderte sich bei den Studenten die Sensibilität gegenüber den Interessen und Gefühlen anderer. Anstatt sich wie früher beim Sprechen direkt anzuschauen, wurde nun der Augenkontakt vermieden. Schüler fingen an zu lügen, wurden heimlichtuerisch, erfanden Ausreden. Gewalt und Drohungen wurden alltäglich, und neue aggressive Sportarten wie Fußball wurden zur Freizeitbeschäftigung. Mit all diesen Änderungen entwickelten sich auch erotische Bedürfnisse, die darauf hindeuteten, dass diese jetzt dem Abbau von Ängsten dienten. Diese Ängste wurden durch den Druck erzeugt, den die westliche Erziehung durch Orientierung an Leistung und Erfolg ausübte. Es ist die ständige Angst, der auch wir durch das Pochen auf Leistung alle ausgesetzt sind. Dadurch fördern wir die kognitive Entwicklung und verhindern die empathische immer stärker. Und da die kognitive bei uns eingebettet ist in ein Gehege von Erwartungen, die um Leistung kreisen – zuerst die Erwartungen der Eltern, dann der Schule, des Staates, der Religionsgemeinschaften usw. – schürt sie Angst. Die Angst, dass man versagen könnte, und zugleich eine noch tiefere Angst. Die tiefe uralte Angst, die eng mit der Wut verbunden ist, die entstand, als die eigenen Triebe unterdrückt werden mussten, um den Erwartungen zu entsprechen.

Diese Unterdrückung durch das Nicht-Anerkennen der eigenen Lebendigkeit des Kindes wird vom Kind selbst übernommen, da diese Lebendigkeit des Kindes die Beziehung zu den Eltern bedroht. Es kann ohne ihre ›Liebe‹ nicht am Leben bleiben und deswegen macht es das Eigene zum Fremden, um es bekämpfen zu können. Aber die Wut ist dennoch da und bedroht diese Beziehung weiter. Das verstärkt die Angst, die umso mehr verdrängt werden muss. Das ursprüngliche Eigene wird und muss folglich immer mehr zum Fremden und zum Feind gemacht werden, um es dann außerhalb des Selbst in anderen zu finden. Dort und nur dort kann es gehasst und bestraft werden. Das ist der Ursprung aller Hassgefühle und der Notwendigkeit, Feinde zu finden. Denn dann und nur dann kann man sich von diesem urinnersten Hass freimachen. Man ist in diesem Vorgang gefangen, da dieser Hass ursprünglich gegen sich selbst gerichtet war. Und je mehr äußere Umstände, wie der Verlust von Status, Arbeit, oder Demütigungen und Unsicherheiten, einen Menschen bedrohen, desto mehr wird er bereit sein, Feinde zu suchen und auch zu finden, um sich von dem Hass und den damit verbundenen Ängsten zu befreien.

Die kognitive Entwicklung, die die empathische zurückdrängt, gibt Menschen allerdings wenig Rückhalt, um den Hass auf andere einschränken zu können. Nur Mitgefühl für seine Mitmenschen könnte diesen Hass infrage stellen. Denn nur ein Bewusstsein für das Leiden eines anderen kann diesen Hass und die damit verbundenen Ängste zügeln.

Nicht anders lassen sich Bilder aus Kriegszeiten erklären, die beispielsweise eine euphorische Menge zeigen, die angesichts der Kriegserklärung des deutschen Kaisers im August 1914 in Jubel ausbricht. Keiner, der sich das Leiden und den Schmerz eines verwundeten Gegenüber vorstellen kann, würde so reagieren.

Doch noch ist nichts verloren! Einfühlungsvermögen für Leid, Schmerz, Angst und Wut kann sich entwickeln, wenn Eltern auf das Leid und den Schmerz ihres Kindes eingehen können. Werden jedoch seine Schreie oder seine Trauer als störend erlebt oder als den Selbstwert der Eltern herabsetzend empfunden, werden diese dem Kinde eigenen Gefühle zu etwas Verbotenem.

Es gibt dazu zahlreiche Beispiele. Hier der Fall eines Jungen, der den Zugang zu seinen eigenen Emotionen verlor: Ein Patient, ein heute 30-jähriger Mann, erzählte von einem Konflikt mit seinem Vater, der sich ereignete, als er ungefähr neun Jahre alt war. Er kam mit seinem Fahrrad nach Hause und berichtete seinen Eltern ganz aufgeregt und stolz, dass er mit den Lenkerarmen nach oben gedreht durch ihre kleine Stadt gefahren war.

Patient: »Plötzlich spürte ich die Hand meines Vaters hart in meinem Gesicht. Scheinbar war es seiner Ansicht nach falsch, mit den Lenkerarmen nach oben gedreht zu fahren. Er demütigte mich vor meiner Mutter, behandelte mich wie Dreck, und ich fühlte mich verletzt. Das Ganze ist schon so lange her, aber das Gefühl von damals ist noch ganz präsent: Ich bin ein Nichts.«

Ich: »Damit übernehmen Sie seine Verurteilung Ihres Wesens.«

Patient: »Ja, ... Sie fragten mich vorhin, ob ich wütend bin. Ich habe Ihre Frage nicht beantwortet, denn Wut kam mir irgendwie lächerlich vor. Ich traue meinen Gefühlen nicht mehr.«

Ich: »Sie meinen Ihren eigenen Wahrnehmungen?«

Patient: »Ja, sogar hier bei Ihnen habe ich das Gefühl, dass es verboten ist, Wut zu empfinden. Mutter sagte damals nichts. Sie saß nur da. Ich denke, sie war ganz froh. Er sorgte dafür, dass ich endlich still war.«

Ich: »Und Ihre Wut?«

Patient: »Ich soll mir selbst trauen? Es überrascht mich wirklich, dass ich sogar hier bei Ihnen mich nicht traue, Wut zu spüren. Obwohl das doch ein gerechtfertigtes Gefühl wäre, oder? Meine Mutter ließ es einfach zu, wenn er mich verprügelte.«

Ich: »Vielleicht war die eigentliche Verletzung gar nicht die Ohrfeige Ihres Vaters? Vielleicht sitzt sie tiefer.«

Patient: »Ja, ja, ... Meine Mutter saß einfach nur da. Das war Verrat! Mein Vertrauen zu ihr wurde verletzt. Sie hat mir einfach nicht geholfen. Ich war ihm vollkommen ausgeliefert.«

Hier sehen wir, wie es dazu kommen kann, dass das Gefühl von Wut auch langfristig nicht zugegeben werden darf. Dabei ist der Patient dem Vater gegenüber durchaus kritisch eingestellt. Aber er verurteilt sich selbst, indem er seine Wut ins Lächerliche zieht. Dennoch lebt die Wut in ihm weiter und sie wird in Momenten zum Ausdruck kommen, wenn er in anderen die eigene Schwäche erkennt. Die Wut wird so zum Hass gegen sich selbst und gegen andere, die das eigene Selbst, das als schwach wahrgenommen wird, verkörpern.

Andere Beispiele dafür werden täglich in der Presse berichtet, aber kaum als Beleg für das wahrgenommen, was sie uns über eine Kultur, die das Selbst verstümmelt, sagen.

Der Bericht »Teenager erschlagen Obdachlosen«[66] beschreibt nur eine von leider immer häufiger sich ereignenden Greueltaten:

> »Gut zwei Wochen nach dem gewaltsamen Tod eines obdachlosen Straßenmusikanten im Wiesbadener Kurpark hat die Polizei drei Jugendliche als Tatverdächtige ermittelt. Die Burschen im Alter von 16 und 17 Jahren sollen den 45-Jährigen tot geprügelt haben. Einer der Tatverdächtigen gab im Verhör an, sie hätten Aggressionen abbauen wollen. Einer der Jugendlichen soll vor der Tat gesagt haben: ›Lasst uns mal wieder jemanden klatschen und abziehen.‹«

Das Motiv der Tat war zunächst unklar, da keine Wertsachen entwendet worden waren. Den Hass auf die eigene Schwäche, die nach außen und auf andere ›Schwache‹ projiziert wird, lassen wir als Tatmotiv nicht zu. Doch dieses Verhalten ist gang und gäbe in unserer Kultur, die das Sein eines Kindes nicht anerkennt, in einer Kultur, in der Kinder Mittel zum Zweck sind, um das Selbstwertgefühl der Eltern aufrechtzuerhalten.

Eine Alternative zu solch einem Ausdruck des Hasses ist der Aufbau von Macht, wodurch der Hass weitgehend verdeckt werden kann, auch von der Person, die davon getrieben ist. Es ist deswegen wichtig, uns mit dem Terror, den Säuglinge und Kinder erleben, ausgiebiger zu beschäftigen.

DER FRÜHESTE TERROR
UND DAS VERKÜMMERNDE SELBST

»Hass ist nicht angeboren, er entsteht –
und zwar in frühester Kindheit.« Arno Gruen

Ein 45-jähriger Akademiker kam zu mir in die Therapie. Er fühle sich unecht und in einem andauernden Schauspiel gefangen, in dem er den guten Jungen mimte. Sein Vater, unberechenbar und strafend, sei immer darauf bedacht gewesen, als ›stark‹ angesehen zu werden. Auf einer Fahrt zu einem Fußballspiel verbot er zum Beispiel, dass jemand aus der Familie nach dem Weg fragen dürfe, als sie sich hoffnungslos verfahren hatten. Er, der Vater, würde andernfalls schwach erscheinen.

Die Mutter habe sein bestrafendes Verhalten mit ›Verständnis‹ für seine Schwierigkeiten unterstützt und verlangte dementsprechend auch vom Sohn Mitgefühl für den Vater. In einer Sitzung zwei Jahre nach Beginn der Therapie entspann sich folgender Dialog zwischen ihm und mir:

Patient: »Ich möchte meiner Frau gegenüber so sein, wie sie es braucht. Heute früh war sie erschöpft und krank. Ich streichelte ihr über den Kopf, kam mir aber komisch dabei vor ... Was fühlte ich eigentlich? Ich meine, ich wollte ihr Trost geben. Aber dann war es, als ob ich mich von oben beobachte; ich sah meine Hand, als ob es die Hand meines Vaters wäre. Ich hasste mich in diesem Moment. Aber ich streichelte sie, um ihr zu zeigen, dass sie mir leid tut. Ich wollte streicheln, kam mir aber grob dabei vor.

Als Mutter im Sterben lag, streichelte mein Vater auch ihren Kopf. Diese Geste sei so unzärtlich gewesen, sagte später mein Bruder, dass unsere Mutter dadurch einen Schädelbruch hätte erleiden können.

Als ich meine Frau streichelte, fühlte ich es: Ich sah meine Hand, und sie war die Hand meines Vaters, wodurch meine Geste armselig wurde. Als ich jedoch anfing, meine Frau zu streicheln, spürte ich auch Nähe zu ihr. Aber dann wurde die Zärtlichkeit zur Pflicht. Aufhören wollte ich nicht, um den Schein zu wahren. Deshalb machte ich weiter. Dann wurde mir kalt.«

Ich: »Wer sind Sie in diesem Augenblick, der Vater oder Sie selbst?«

Patient: »Ich will ihn ausradieren, ich schäme mich. Wenn er Mutter im Spital umarmte, war das kein Umarmen. Es war als umschließe er sie nur wie in einem Stahl-Gebilde ... Wieso beginne ich mich zu hassen?«

Ich: »Ihres Vaters Hand.«

Patient: »Warum mache ich das?«

Ich: »Was sehen Sie?«

Patient: »Vaters eiskalten Blick am Esstisch. Seine große schlagende Hand, die Hand, die mich schlägt, auf die Wange, auf den Hinterkopf. Er demütigt mich. Die Hand, die mich festhält, um mich zu schlagen. Ich sehe sein böses, hassverzerrtes Gesicht.«

Ich: »Was fühlen Sie?«

Patient: »Ich will zurückschlagen. Ich fühlte es damals mit fünf oder sechs Jahren, dass ich zurückschlagen müsste. Aber ich tat es nie.«

Ich: »Was denken Sie, warum?«

Patient: »Aus Angst.«

Ich: »Was noch?«

Patient: »Ich fühle eine Todesangst, wenn ich daran denke, ihn zu schlagen. Die Angst umgibt mich und lähmt mich.«

Ich: »Und bevor Sie fünf Jahre alt waren?«

Patient: »Ich hatte schon vorher Angst. Einmal fasste er mich brutal an den Armen, um mich zurechtzuweisen. Ich war vier. Das ist vermischt mit der Kindergartenzeit, zwischen drei und sechs.«

Ich: »Ich denke, es muss wirklich sehr früh gewesen sein, da heute diese Verwechslung von seiner mit Ihrer Hand vorliegt.«

Patient: »Ich sehe es zwar nicht, und dennoch stelle ich mir immer wieder vor, wie er ein kleines Kind an den Armen nimmt und es schüttelt.«

Ich: »Die Zeitungen beschrieben in letzter Zeit immer wieder Väter, die ihr Kind zu Tode schüttelten.«

Patient: »Das passt zu keinem Bild, das ich vor Augen habe.«

Ich: »Und was Sie erzählten, wenn Ihre Hand zu seiner wird?«

Patient: »Warum hasse ich mich ... Ich bin nichts wert.«

Ich: »Genau das fühlt ein Kind, wenn es so früh bestraft wird. Es selbst ist wertlos, nicht der Täter.«

Patient: »Es sitzt so tief, dieses Gefühl. Ich bin nichts wert.«

Ich: »Das kleine Kind stellt sich auf die Seite des Gewalttätigen, denn es gibt keinen anderen Weg, um der Wertlosigkeit zu entkommen. Man übernimmt die Gefühle des Vaters als die eigenen.«

Patient: »Ich muss mich lächerlich machen, kann nicht zulassen, dass ich meine Frau aus Mitleid streichele. Ich muss meine Tat verächtlich machen. Wenn ich zärtlich zu meiner Frau bin, muss ich mich betrachten, muss sehen, was ich tue, darf es nicht zulassen.«

Ich: »Dieses Sich-von-oben-Betrachten ist die Erinnerung an etwas Schreckliches, das Sie erlebten, vielleicht das Schütteln. Man verliert allen Wert, alles Vertrauen und verbündet sich mit der Macht, um seelisch zu überleben.«

Patient: »Ja, als ich zwischen 16 und 20 war und Kinder schreien hörte, hatte ich das Gefühl, sie zerstören zu müssen. Ich wollte ihnen körperliche Gewalt antun. In meinen Gedanken war ich sehr brutal.«

Ich: »Um sich zu retten, mussten Sie als Kind sich selbst aufgeben und seine Hand wurde die Ihre.«

Patient: »Ich war mit meiner Frau im Flugzeug, ich war 29, ein Kind spielte mit einem elektronischen Spiel, während wir uns im Landeanflug befanden. Wäre es mein Kind gewesen, hätte ich es verprügelt. – Dieses Kind war vielleicht drei Jahre alt. Was, wenn ich meine Macht aufgebe, wenn ich ein Kind hätte und es aufziehen müsste. Es ist, als ob ein Kind der Gewalt gehorchen muss. Ich fühle immer noch so. Ich hasse es, komme mir verrückt vor. – Seine Hand heute Morgen! Ich dachte, ich schlage ihn grün und blau, ehe ich mich befreien kann.«

Was wir hier sehen ist, wie frühkindlicher Terror einem Menschen sein Selbst nimmt. Zugleich kann und darf dieser Terror nicht erkannt werden. Trotzdem versucht der Patient doch noch an dem Eigenen, seiner empathischen Wahrnehmung des Leids seiner Frau, festzuhalten. Ein schrecklicher Vorgang, der damit endet, dass er sich selbst als wertlos empfindet.

Dieser Prozess illustriert die Beobachtung von Marcel Proust, warum wir unsere Schmerzen von denen gelindert haben möchten, die sie uns zufügten. Darum werden Demütigungen zum dauerhaften Motor für Hass und Revolte. Weil jedoch die wahren Gründe der Demütigung nicht erkannt werden dürfen, stellen Hass und Rebellion fast immer die frühere Unterdrückung her – und setzen sie fort. Durch genau diesen Prozess, der sich ständig wiederholt, verewigt sich das Ungeheure unserer Zivilisation, die Ungleichheit zwischen Menschen, die Teilung in Herrscher und Beherrschte.

TRAUMA UND REALITÄTSVERLUST

Eltern werden zu liebenden Wesen idealisiert. Daher verleugnet unsere Kultur, dass die Kindheit in unseren Zivilisationen bedrohlich sein kann und oft von Angst und Terror durchdrungen ist. Die Kindheit verläuft für viele Kinder traumatisch – das ist schon oft vermutet worden. Otto Rank dachte, es sei das Trauma der Geburt.[67] Melanie Klein nahm eine böse Mutter an.[68] Für Rheingold mündete in der Lieblosigkeit von Eltern die Angst von Müttern vor der Rivalität mit der eigenen Mutter; diese könnten sie als Rivalin betrachten und verstoßen.[69]

Werden aber Eltern lieblos, überschattet ihre Lieblosigkeit

die frühesten Lebenserfahrungen ihrer Kinder. Ein Kind beginnt, sich unermesslich vor einem Terror zu ängstigen, der das Sein des werdenden Menschen reduziert. »Jeder, dem sein Recht auf Liebe verneint wird, ist verkrüppelt und in den Wurzeln seines Wesens verkümmert,« schreibt Henry Miller. Wie die Forschungen von Dicks, Fromm und Milgram zeigen, dürften bis zu 30 Prozent der Bevölkerung unserer Gesellschaften einen solchen Liebesentzug erlitten haben.[70] Bis zu 40 Prozent der Bevölkerung in unserer Kultur haben eine Mischung von Liebe und Nicht-Liebe erfahren. Nur 30 Prozent scheinen Liebe und Zärtlichkeit in größerem Umfang erlebt zu haben. Allein diese Gruppe ist nicht auf die Posen der Eltern als Vorbedingung ihrer Elternbindung fixiert.

Das politische Verhalten von erwachsenen Menschen kann durch eine solche Erfahrung von Liebesentzug in der Kindheit entscheidend geprägt sein. Wenn Erwachsene als Kinder selbst durch ein Bewusstsein geformt wurden, das Liebe einschränkte und Macht über sie zum Zweck der Beziehung machte, dann werden sie selbst, wenn sie Eltern sind, ihre Kinder dazu benötigen, ihre eigenen Unsicherheiten und Demütigungen zu bewältigen. Eine Pose der Autorität gegenüber dem Kinde aufrechtzuerhalten, wird dann das Ziel sein. Keine Selbstzweifel sollen sichtbar werden; Eltern möchten um jeden Preis bestimmend und selbstsicher erscheinen. So glauben Eltern sich darstellen zu müssen – trotz innerer Unsicherheiten –, um ihren fiktiven Selbstwert zu festigen. Ein Kind aber ordnet sich, nachdem es Ohnmacht, Hilflosigkeit, Schmerz und Wut durch fehlendes elterliches Entgegenkommen erlebt hat, apathisch und erschöpft den Erwartungen der Eltern unter.

Säuglinge und Kleinkinder, die Liebesentzug erleben, müssen eine Überlebensstrategie entwickeln, um die Stimulationsbereitschaft der Mutter und des Vaters auf sich zu lenken, um überhaupt überleben zu können. Die Bindung zu den Eltern, die sich jetzt aufbaut, prägt bei dem Kind ein Bewusstsein, in dessen Fokus die Verhaltensweisen, die Gefühle und die Reaktionen *der Eltern* zentral und entscheidend sind. Stehen die Wahrnehmungen der kleinkindlichen Gefühle nicht im Einklang mit den Wünschen und Erwartungen der Eltern, versinken sie in die Unbewusstheit. Sie werden verdrängt. Das Eigene wird verdrängt. Das ist der eigentliche Ursprung unseres Unbewussten. Wie wir es im Protokoll der Sitzung mit dem Patienten verfolgen konnten, wurde die Wahrnehmung seiner Gefühle und seiner eigenen Hand sogar durch die bestrafende Gewalt seines Vaters verdrängt.

Für Eltern, die selbst von Verunsicherung durch Liebesentzug geprägt sind, kann ihr Kind ein Mittel zum Zweck sein, um einen vermeintlichen Selbstwert zu bewahren. Es ist die Pose der Stärke, der Willenskraft, der Unempfindlichkeit Schmerz gegenüber, kurz: der Männlichkeit, die zum Ersatz für ein fehlendes Inneres wird. Die werdende Bewusstheit des Kindes wird durch die Pose der Eltern geprägt. Damit wird diese Pose zur Wirklichkeit, aber nicht mehr der Schmerz, den das Kind im Umgang mit den Eltern erlebte. Um seine Bindung zu den Eltern nicht abreißen zu lassen, muss das Kind von nun an die Wahrnehmung seiner tatsächlichen Gefühle ins Gegenteil verkehren: Das Kind fängt sogar an, genau die Menschen zu idealisieren, die ihm Schmerz zufügen. Auf diese Weise verwirft ein Kind zunehmend seine eigenen Gefühle und Wahrnehmungen, um die lebensnotwendige Verbindung mit den Erwachsenen aufrechtzuerhalten. Sandor Ferenczi schrieb dazu:

> *Kinder fühlen sich körperlich und moralisch hilflos, ihre Persönlichkeit ist zu wenig konsolidiert, um auch nur in Gedanken protestieren zu können, die überwältigende Kraft der Autorität des Erwachsenen macht sie stumm, ja beraubt sie oft der Sinne.*

Doch dieselbe Angst, wenn sie einen Höhepunkt erreicht, zwingt
sie automatisch, sich dem Willen des Angreifers unterzuordnen,
jede seiner Wunschregungen zu erraten und zu befolgen, sich
selbst ganz zu vergessen, sich mit dem Angreifer vollauf zu iden-
tifizieren.«[71]

Dieser Terror kann unerträglich werden. Dann verkehrt ein
Kleinkind sogar sein Ausgeliefertsein in ein Gefühl der Geborgenheit; einfach nur, um zu überleben. Frauen, die während der argentinischen Diktatur gefoltert wurden, erlebten
diese Pervertierung ihrer Gefühle, als sie sich plötzlich in
ihre Peiniger verliebten.[72] Ähnliches beschrieb Wole Soyinka
für Nigeria unter Diktator General Gowan.[73] In meinem Buch
»Der Fremde in uns«[74] habe ich diese Situation ebenfalls beschrieben: Die Mutter einer Patientin wollte sie als Kind töten. Sie entkam nur knapp. Und dennoch: Nachdem sie darüber gesprochen hatte, fühlte die Patientin, dass sie sich nur
bei dieser Mutter geborgen fühlen kann, obwohl diese Mutter
sie, ihre Tochter, doch hatte töten wollen.

Solche Vorgänge verhindern, dass sich angestaute Wut gegen jene richtet, die für sie verantwortlich sind. Die Wut ist
zwar da, aber sie verstärkt auch die Angst vor dem Aggressor.
Daraus ergibt sich nach und nach ein Teufelskreis, der dazu
führt, den Aggressor noch mehr zu idealisieren. Im nächsten Schritt muss sich ein Kind immer mehr von seinen empathischen Wahrnehmungen abtrennen, weil es andernfalls
durch sie bedroht werden würde. Schmerz und Leiden dürfen nicht erlebt werden. Der Schmerz wird unerträglich. Also
muss er abgespalten und verworfen werden.

Menschen, denen dies zugestoßen ist, suchen später nach
einem Ventil: Sie peinigen andere Menschen. Genau dies
verbirgt sich hinter den Geschichten von Jugendlichen, die
hilflose Menschen angreifen und oft sogar tödlich verletzen.
Die Spaltung von Gefühl und Denken ist ein Prozess, der

längst zum Merkmal des gesellschaftlichen Bewusstseins geworden ist. So beschreibt es auch Terrence DesPres in seinem Bericht über Menschen, die die Todeslager des Dritten Reichs und im Archipel GULag überlebten[75]:

> »Die Weigerung, das Extreme (von Leid und Schmerz) zur Kenntnis zu nehmen, ist in die Struktur unserer Existenz eingebaut. Mehr als wir zugeben wollen, hing die menschliche Entwicklung von einem Beschwichtigungssystem ab, das die Quellen der Furcht unkenntlich machte ... Verleugnung und Verdrängung waren nötig, um diese Bedrohung überleben zu können ... Nur durch diese Mechanismen der Verneinung war es dem Menschen möglich, das Chaos bewohnbar und sich zum Herrscher der Welt zu machen ... Um das Unternehmen Menschheit in Gang zu bringen, haben wir Halt und Zuflucht in Mythen und anderen Hilfsmitteln der Verleugnung gesucht. Außenseiter, die unsere Scheinwelt in Zweifel zogen, wurden verfolgt und mit Ächtung belegt.«

Unter diesen Umständen bildete sich in unseren Kulturen eine Elternbindung auf zwei Ebenen heraus: einer bewussten und einer unbewussten. Das Unbewusste selbst ist eine Entwicklung, die gesellschaftliche Strukturen hervorbringen, bei denen der Terror schon im frühesten Kindesalter erzeugt wird. Auf der bewussten Ebene beruht die Bindung dann auf der Pose, welche die Eltern ausstrahlen. Die Pose setzt das Kind mit der Wirklichkeit gleich. Das Kind wird konditioniert, die Pose als einzige Realität menschlicher Beziehung wahrzunehmen. Die Eigenwahrnehmung des Selbst, die von Schmerz und Leid begleitet ist, bedroht und gefährdet die Bindung zu den Eltern. Den Schmerz ihres Kindes erleben solche Eltern als Verurteilung und verneinen und bestrafen diese Reaktion als Ungehorsam, Kritik und Widerstand.

Schmerz und Leid werden so zum Kern einer nicht formulierbaren, unaussprechlichen Angst. Dagegen muss sich das

Kind schützen, indem es Schmerz und Leid verdrängt. Die Pose der Eltern wird damit zur rettenden Wirklichkeit. Wird dieser Weg aber infrage gestellt, steigen Hass und Wut gegen alle empor, die ein Erkennen der Wahrheit des wirklich Erlebten herausfordern. Darum sind Menschen, die die Wahrheit ansprechen, so gefürchtet. Sie müssen verachtet und bekämpft werden. Aber zurück zum Terror und der Unreife unseres frühesten Entwicklungsstadiums.

WAS TREIBT UNS AN: FORTSCHRITT, WACHSTUM, LEISTUNG – TOD?

War der erlebte Terror so groß, dass ein Kind das Eigene aufgeben musste, um es durch die Erwartungen der Eltern zu ersetzen, wird Unsicherheit zum Kern seines Seins. Das kann zu einer verstärkten Identifizierung mit Autorität führen und zu einem Trieb, bei dem Herrschen, Erobern und Leistung diese Unsicherheit kompensieren. Hier muss das erobert oder beherrscht werden, was außerhalb der eigenen Grenzen liegt. Denn das Eigene ist verloren gegangen. Jetzt kompensiert das Inbesitznehmen den Verlust des Eigenen. Hieraus resultiert der Trieb nach Größe; er charakterisiert die Eroberer von heute und kennzeichnet eine Haltung, die in unserer ›Zivilisationsgeschichte‹ seit Xerxes bewundert wird. Xerxes wollte und musste die damalige Welt besitzen, um sich vollkommen fühlen zu können.

Sogar heute noch predigt man uns beständig vom Wachstum, der unser Leben bestimmen soll, obwohl er nur den Tod des Lebens auf unserem Planeten herbeiführen kann. Der »Club of Rome« hat dies ausführlich dokumentiert.[76] Wer jedoch bereits in der vom Wahnsinn geprägten Wachstumsspirale gefangen ist, sieht dies nicht. Im Grunde eilen Menschen, die von dem Streben nach Größe getrieben werden, dem Tode und der Vergänglichkeit entgegen. Paradoxerweise sind sie aber davon überzeugt, für den Fortschritt zu arbeiten. Auf ihrer Jagd nach Größe gehen sie über Leichen, geben sich aber den Anschein, gesunde, mitfühlende und auch liebende Menschen zu sein, genau wie Charles W. Mills es schilderte.

Diese Menschen sind vom Tode getrieben – und das führt zu dem zurück, was sie selbst einmal im Kleinkindalter bedrohlich wahrnahmen, als nämlich ihr eigenes, im Werden begriffene Selbst unterdrückt wurde. Mit jeder Unterdrückung füllte sich der Speicher mit Negativgefühlen wie Wut und Rage; aber dieses Reservoir und sein Inhalt durften und dürfen nicht wahrgenommen, nicht anerkannt oder gar erlebt werden. Solche Menschen projizieren diese Gefühle in der Folge nach außen, sodass sie zum Motor großer Ambitionen werden. Sie bewegen sich immer am Limit bei Begegnungen mit anderen oder in der Natur zugunsten eines vermeintlichen Fortschritts, um sich lebendig fühlen zu können. Sie kommen nie zur Ruhe, müssen immer in Bewegung bleiben – andernfalls würde sich das Zerstörerische in ihnen gegen sie selbst richten.

Auf der politischen Ebene können solche Menschen Andersdenkende nie tolerieren. Aleksandar Ti ma beschreibt in »Die Schule der Gottlosigkeit« einen dieser Menschen in der Gestalt von Dulics, einem Mitglied der Geheimpolizei eines balkanischen Staates.[77] Er verspürte den Zwang, sein Opfer zu Tode foltern zu müssen, weil er etwas Menschliches in ihm erlebte, für das er sich selbst geschämt hatte. Der Hass, der in dieser oder ähnlichen Situationen in Menschen wie Dulics aufsteigt, ist der Hass gegen das eigene geschändete Selbst.

Sich dessen bewusst zu werden, bedroht die Identifikation mit dem Aggressor, die allerdings – das haben die frühkindlichen Erfahrungen dieser Menschen sie lernen lassen – überlebensnotwendig ist. Deswegen verkehren Menschen ohne Selbst die Richtung ihres Hasses und wenden sich gegen ein Opfer, um den Hass von sich selbst abzulenken. Der damalige Gestapochef von Lyon, Klaus Barbie, meinte genau das, ohne dass es ihm bewusst war, als er Neal Ascherson folgendes erzählte: »Als ich Jean Moulin vernahm, fühlte ich, dass er ich selbst war.« Je mehr er sich selbst – das heißt seinen abgestoßenen Teil – in diesem Widerstandskämpfer sah, desto größer wurde der Drang, ihn zu töten. Nur so konnte er den in sich selbst plötzlich laut werdenden Teil wieder zum Schweigen bringen.[78]

Henrik Ibsen zeigt in seinem Drama »Peer Gynt« ebenfalls, dass – oder – wie der Wille zur Beherrschung der Natur seine Wurzeln in der Zerstörungslust hat. Hinter Peers Trieb nach Größe steht der Tod. Da er kein Inneres hat und sich leer fühlt, muss er seine Leere mit großen Projekten auffüllen. Die Würde eines Menschen oder der Natur muss durch Gewalt reduziert werden, um eine Macht zu demonstrieren, die die eigene Unsicherheit kompensiert.[79] Das verhält sich nicht anders, als es bei den Mitgliedern der SS in den Konzentrationslagern der Fall war. Sie, die selbst in ihrer Kindheit durch autoritäre Erziehung und Gehorsam in ihrem Selbst reduziert wurden, hatten nie einen Grund daran zu zweifeln, dass das Ausüben von Macht und das Erzeugen von Angst jeden Menschen brechen und formen könnten. Und darum ging es: Andere zu brechen, um Macht als erregendes Mittel gegen die eigene Wertlosigkeit und Unsicherheit zu feiern. Aus Rache am Leben selbst gaben sie so ihr Niemand-Sein täglich weiter. Deswegen mussten sie die Würde ihrer Gefangenen auf null reduzieren.

Es geht hier immer um einen Trieb des Zerstörens um seiner Selbst willen. Das Ideologische, ob im Namen des Wachstums, der Rechten, Linken oder des religiösen Fanatismus, ist immer zweitrangig. Es ist das Tödliche, das diese Menschen antreibt, nicht die Ideologie. Wie Wilhelm Kütemeyer es in seinem Buch »Die Krankheit Europas« formulierte, geben Tod und Zerstörung ihrem Leben Bedeutung und Festigkeit. Er berichtet von einem Patienten, der die Disziplin der Insassen auf einem torpedierten Boot dadurch aufrechterhalten wollte, dass er auf verzweifelte Mütter mit Babys in ihren Armen schoss. Dieser Mann suchte dauernd die Begegnung mit dem Tod unter dem Deckmantel von Befehl und Pflicht.[80]

Gewöhnlich übersehen wir beim Blick auf die Geschichte und das entsetzliche Morden im Sinne einer Ideologie, dass solche Menschen, wie auch Hitler und Stalin und ihre Schergen, morden ließen, aber weit davon entfernt waren, zu erkennen, dass für sie diese Taten lebensnotwendig waren, weil sie sich nur durch Tod und Zerstörung lebendig fühlen konnten. Das Leben wird negiert in Worten, die dem Heldentum oder einem vermeintlichen höheren Leben dienen, einem Leben, das höher, reiner, aber nicht hier, sondern woanders ist. So wurde die Existenz zum Tod und der Tod zum Eintritt ins Leben. Die Bedeutung des Lebens wird im Tod gefunden, und die größte Tat eines Menschen besteht darin, sein Leben für einen ›höheren‹ Zweck hinzugeben. Der Franco-General Milan Astray verkündete an der Universität Salamanca zur Zeit des spanischen Bürgerkriegs:

»Lang lebe der Tod ... Das Baskenland und Katalonien sind zwei Krebsgeschwüre im Körper der Nation. Der Faschismus, der Heilbringer Spaniens, wird wissen, wie beide zu beseitigen sind. Wie ein resoluter Arzt wird er frei von Sentimentalität ins lebendige Fleisch schneiden. Und da das gesunde Fleisch die Erde ist

und das kranke Fleisch das Volk, das darauf wohnt, werden der
Faschismus und die Armee das Volk auslöschen und die Erde
wieder als das heilige Gut der Nation einsetzen ...«[81]

Miguel de Unamuno, der Rektor der Universität, verstand, dass es solchen Menschen um keine Idee, sondern allein um den Tod ging. Die tödliche Gesinnung ging also der Ideologie voraus, weshalb er dem General erwiderte:

>»... ein Krüppel, dem die seelische Größe eines Cervantes fehlt –
>einem Mann, nicht einem Übermensch, kräftig und vollkommen
>trotz seiner Verstümmelung – ein Krüppel, sage ich, dem ein
>erhabener Geist fehlt, sucht unheilvolle Entspannung in Ver-
>stümmelung rund um sich herum.«

Auch Sophie und Hans Scholl verstanden, dass man sich mit dem Faschismus nicht geistig auseinandersetzen kann, weil er ungeistig ist, dass es um Hass und Destruktivität und gar nicht um das Durchsetzen einer Ideologie geht.

DASS WIR DIE AGGRESSOREN UNTER-STÜTZEN – DAS IST DAS BÖSE IN UNS

Warum gibt es so viel Böses in der Welt? Und warum wird das Böse von so vielen unterstützt? Und vielleicht ist die zweite Frage auch noch die Antwort auf die erste. Die aktuelle Zahl derer, die das Böse antreibt, ist weit geringer als die derer, die entweder mitmachen oder es zulassen. Die Anführer der Nazi-Greueltaten zählten um die 100 000. Aber die Anzahl derer, die diese Taten zuließen oder mitmachten, ging in die Millionen.

Dasselbe gilt für Ruanda, Chile, Argentinien, China, Russland ... Wer anderen Schmerzen zufügt, um seine Stärke bestätigt zu fühlen, ist wahrhaft böse. Wer aber diese Taten zulässt oder so tut, als ob sie ihn nichts angingen, ist derjenige, der das Böse überhaupt erst ermöglicht. Die Welt, sagte Albert Einstein ganz richtig, wird nicht von Menschen bedroht, die böse sind, sondern von denen, die das Böse zulassen.

Warum lassen wir aber das Böse zu? Warum wehren wir uns dagegen, den Schmerz des Opfers wahrzunehmen? Warum haben wir nicht nur kein Mitgefühl für die Opfer, sondern glauben sogar, Mitgefühl für das vermeintliche Leid der Täter haben zu müssen? Warum liefern wir uns selbst den Tätern aus? Ist es deshalb, weil wir das eigene Selbst hassen, weil es zum Opfer gemacht wurde, wir dies aber nicht wahrhaben dürfen und wollen? Bestrafen wir unser eigenes Opfer in extenso, um unsere eigenen vermeintlichen Sünden hinweg zu lügen? Das hieße, dass wir uns schuldig fühlen für die vermeintlichen Schwierigkeiten, die unsere Eltern mit uns hatten, zu einer Zeit, als wir unser eigenes Selbst noch besaßen.

Meistens ruht dieses Opfer in uns, solange wirtschaftliche Not und politisches Chaos uns nicht bedrohen. Es erwacht aber in Zeiten der Not und des Chaos. Dann ewacht dieser unbewusste Hass auf uns selbst, den wir loswerden müssen, um unseren Selbstwert zu stabilisieren. Ideologische Interessensgruppen machen sich diese Reaktion sehr gerne zu Nutzen. Die Rechtsradikalen wissen dies beispielsweise genau und versuchen deshalb, Unsicherheit zu erzeugen und das Vertrauen in demokratische Regierungsstrukturen zu brechen und sie zu untergraben. So steigt der Hass auf jene, die von den tatsächlichen Bösen zu offiziellen Opfern erkoren werden: die Ausländer, die Juden, die Türken, die Andersartigen, die Behinderten. So treten wir den Tätern bei und machen das Böse erst möglich.

Der Glaube an eine neue Gemeinschaft und die Sehnsucht nach Hingabe an ein größeres oder höheres Allgemeines ist bezeichnend für Menschen, denen ihr eigenes Selbst genommen wurde, die aber doch nach etwas suchen, das ihnen und ihrem Leben Sinn gibt. Da sie aber das Opfer in sich selbst nicht anerkennen dürfen, bleiben sie in der Notwendigkeit gefangen, Opfer für ihren Hass zu finden.

So lässt sich beispielsweise verstehen, warum viele deutsche Ärzte die Euthanasie der Nazis, mit der »Gemeinschaftsunfähige« ausgemerzt und so der »Fortpflanzungsprozess« gewährleistet werden sollte, unterstützten.[82] Hier wurden die ›Schwachen‹ zum Objekt des Hasses auf das eigene verworfene Selbst. Im Grunde war das nichts anderes als die Morde der Jugendlichen heute, die sich nur stark fühlen können, wenn sie einen ›Schwachen‹ ermorden.

Ein Mensch gilt dann als schwach, wenn er Bedenken äußert oder auf Gefahren hinweist. Lächerlich, geistesgestört, überreagierend, nicht ganz dicht – das sind die Prädikate, mit denen diese Menschen dann ausgestattet werden. Nehmen wir doch nur einmal zum Beispiel die Problematik der Atomkraftwerke, den Zweifel an der Notwendigkeit von Wachstum, die Mahnungen vor der globalen Erwärmung. Kritische Äußerungen stoßen meist auf taube Ohren. Woran das liegt? Wenn Menschen ihrer eigenen Möglichkeiten beraubt wurden, reduziert sich ihr Bewusstsein, wie wir es schon bei der Sprachentwicklung gesehen haben. Das Empathische wird ausgeschaltet und das Denken auf kognitive Wahrnehmungen reduziert. Ein konkretes Beispiel:

Die Insel Phuket, Thailand, Strand von Patong: Menschen rennen in Richtung Meer, um Muscheln zu sammeln, die das sich zurückziehende Meer freigegeben hat. Ein Schweizer Ehepaar versucht ihnen zuzurufen, dass eine Tsunami-Welle auf sie zukomme. Die einzige Reaktion: Lachen. Das

Ehepaar wurde ausgelacht.[83] Die Angst der beiden wurde direkt verneint, um sie erst gar nicht bei sich selbst zulassen zu müssen. Doch wie viele Opfer die Tsunami-Welle in Thailand hervorrief, ist uns allen noch im Gedächtnis. Vielleicht hätten es ein paar weniger sein können.

Doch die Reaktion überrascht nicht. Sie ist üblich in unserer Kultur, die Ängste und Besorgnis als Schwäche verleumdet und herabsetzt. Das Resultat ist ein reduziertes Bewusstsein, da empathische Wahrnehmungen verdrängt werden. Deren Platz nehmen stellvertretend Abstraktionen ein.

David Harris beschreibt in »Goliath«[84] einige dieser institutionalisierten Abstraktionen, die Handlungen einfordern, die keinen Zusammenhang mit wirklichen Gefühlen haben, aber sich den Anschein von Gefühlen geben. So »machen Soldaten Krieg in der Jagd auf Frieden ... Die Absicht der Tat ist auf keinen Fall von der Tat selbst getragen«. Solche abstrakten Formeln schieben die Verantwortung dem Leben gegenüber beiseite, wodurch sie zum Feind des Lebens werden. Unsere Intelligenz wird dann zu einer Kraft, welche unsere Realität in ein gefährliches, selbstzerstörerisches Spiel umwandelt.

Solche Abstraktionen spielen auch eine direkte Rolle bei psychischen Störungen, wie der »Post-Traumatic-Stress-Disorder« (PTSD). Diese Störung wurde bei Vietnamveteranen der US Armee zunächst als Angststörung diagnostiziert, oder auch als psychotisch oder paranoid-schizophren eingestuft.[85] Erling Eng erkannte, dass hinter dieser Symptomatik etwas anderes steckte, nämlich die Unfähigkeit, mit Schmerz umzugehen. Die Propaganda, die den Krieg als moralisch richtig hinstellte, verneinte den Schmerz. Für die Propaganda gab es keinen Schmerz. Ein Loyalitätskonflikt bahnte sich an. Den Schmerz des Tötens zuzugeben, hätte der offiziellen Politik der USA widersprochen. Eng schreibt über einen dieser Veteranen:

»Als er in die Klinik für Veteranen kam, wollte er Elektroschocks, damit er sich an den Alptraum seines Lebens nicht erinnern musste ...« Sie sprachen so lang miteinander, bis Eng sich in die Lage des Mannes hineinversetzen konnte. Durch diese Anteilnahme des Therapeuten konnte der Patient seine eigenen Gefühle über das Töten von Menschen – ob Feinde, Kinder, Frauen, alte Menschen – wahrnehmen, sich mit ihnen konfrontieren, ihnen stellen und dadurch zur eigenen Kraft zurückgelangen. Am Ende seiner Therapie sagte er zu Eng: »Als ich hierher kam, wollte ich mehr als alles andere vergessen, was ich erlebt hatte. Jetzt erkenne ich, dass es Teil meines Lebens war, und will es nicht vergessen .... Man muss sich dem Tod stellen, um leben zu können.«

Ein Teil der Bewusstseinsspaltung beruht darauf, Schmerz zu ignorieren und zu verleugnen. In dem Maß, in welchem wir unsere eigene, lange zurückliegende Opferung nicht erkennen können, werden wir jene, die uns durch ihr Verhalten an diese unsere eigene Geschichte des Schmerzes erinnern könnten, schmälern müssen. Jahrelang wurden die Leidenssymptome der Kriegsveteranen nicht erkannt. Die Weigerung, das Unerträgliche einer Situation anzuerkennen, ist schon von vornherein durch die Bewusstseinsspaltung eingepflanzt. »Mehr, als wir zugeben wollen, hing die menschliche Entwicklung von einem Beschwichtigungssystem ab, das die Quellen der Furcht unkenntlich machte,« schrieb Terrence DesPres in der schon erwähnten Studie über Vernichtungslager. Verleugnung und Verdrängung waren nötig, um die Bedrohung überleben zu können.

Genau so geht es einem Kleinkind. Um weiter leben zu können, wenn das Eigene nicht anerkannt wird, muss ein Kind sich selbst aufgeben und sich die Erwartungen seiner Eltern als die eigenen einverleiben, weil die Situation sonst vom Seelischen her lebensbedrohlich gefährlich werden könnte. »Nur durch diese Mechanismen der Verneinung«, schreibt DesPres weiter, »war es dem Menschen möglich, das (resultierende) Chaos bewohnbar und sich selbst zum Herrscher der Welt zu machen.« DesPres erkannte, dass der Verlust des eigenen Selbst die Quelle des Machtstrebens ist:

>*Wenn das Wissen um die Verletzlichkeit, das Böse und die menschliche Unzulänglichkeit dem Menschen zu nahe kommen, so würde dieses Wissen als vernichtend empfunden. Deshalb behaupten wir, der Tod sei nicht das Ende, der Körper nicht unser Selbst. Bis heute halten wir an dem Glauben fest, die Welt unter Kontrolle und Gott auf unserer Seite zu haben.«*

LIEBE PLUS NÄHE PLUS NAHRUNG GLEICH VERTRAUEN?

Das Empfinden einer Gefahr ist sehr tief in uns verankert, weil es auf ein ganz frühkindliches Erleben zurückgeht: Dabei entspricht der Austausch zwischen Säugling und der ihn bemutternden Person nicht den vorgeburtlich erlebten Erwartungen. Unmittelbar nach der Geburt existieren intrauterine Mechanismen der Synchronisation zwischen Mutter und Kind weiter, wie Bertini und seine Mitarbeiter zeigten. Zwischen Mutter und Säugling besteht dann eine Verbindung, die der in der Gebärmutter gleicht.[86] Ein elektrophysiologischer Gesamtaustausch in EEG-Aufzeichnungen zeigt uns Muster, die wie eine Erwiderung des Kindes auf die Stimuli der Mutter nach der Geburt sind und vice versa.

Von Holst und Mittelstaedt zeigten außerdem, dass unerfüllte Erwartungen zu einer physiologischen Paralyse führen können.[87] Die Lebenssituation des Fötus und des späteren Säuglings stellt ein Kontinuum von Erfahrungen dar, aus dem sich Erwartungshaltungen entwickeln. Finden diese nicht ihre Entsprechung, zieht dies Folgen nach sich. Für uns Menschen, aber wohl auch für andere Tierarten, ist der Kontakt zwischen der Mutter und ihrem Kind, sei er visuell, taktil oder sprachlich, von äußerster Bedeutung. Zuwendung und Liebe gehören zwingend zu diesem Mutter-Kind-Kontakt, andernfalls führt dies zu Entbehrungen für das Kind, die traumatisch sein können. Die Arbeiten zahlreicher Forscher zeigen: Erwartungshaltungen entwickeln sich organisch und nicht im genetischen Bereich.[88] Deswegen existiert auch die unendliche Variationsbreite der Traumatisierungen.

Schon der Fötus nimmt die Stimme der Mutter wahr und reagiert auf sie. Gleichzeitig trägt die Stimme schon im Uterus zu einer Differenzierung zwischen Ich und Nicht-Ich bei.[89] Maiello beschreibt eine Mutter, deren Bedürfnis nach der Einheit mit ihrem Kind sich während der ersten zwei Monate zunächst mit dem Bedürfnis ihres Säuglings deckte. Die weichen Töne der Mutter, die auf eine Vereinigung mit ihrer Tochter zielten, wurden nach dem zweiten Monat zu einer Blockade der auf Trennung und Differenziertheit gerichteten Bedürfnisse des Kindes. Das Baby fing an, sich gegen das Streicheln der Mutter zu wehren. Manchmal schrie es, bis seine Schreie zur Verzweiflung eskalierten:

>*Das Baby schien sich jetzt als von einem terrorisierenden Feind verfolgt zu erleben. Die Mutter bemerkte jedoch die veränderte Haltung ihres Kindes nicht und modifizierte weder ihren ›verständnisvollen‹ Umgang noch ihr Bedürfnis, es damit weiter beherrschen zu können.*«[90]

Was zunächst eine positive Bedeutung hatte, wurde nun von Entfremdung und Rückzug begleitet. Solche Situationen führen zu einem grundsätzlichen Verlust des Urvertrauens.

Wir erleben hier eine Reaktion auf unbefriedigende Bedürfnissituationen, weil die Erwartungen des Säuglings sich mit seiner angehenden Entwicklung dauernd ändern. Wenn der Stress sich erhöht, weil die Reaktion der bemutternden Person – das mag auch der Vater sein – nicht mehr adäquat ist, wird der Schrei zu einem Schrei der Verzweiflung und auch des Terrors. Dies kann schon in den ersten Tagen nach der Geburt vorkommen. Säuglinge versuchen ja schon dann, eine für sie unbefriedigende Situation von sich aus zu beeinflussen wie DeCasper und Fifer[91] und auch andere wie Kolata[92] oder Mandler[93] es beschrieben haben. Geschieht darauf keine Reaktion, entwickelt sich für den Säugling ein Zustand der Hilflosigkeit. Das Einzige, was solch ein Kind dann lernt, ist, dass es keine Wirkung auf seine Umgebung haben kann. Manche Kinder werden dann apathisch, andere passen sich den Erwartungen ihres Umfelds an. Beides sind Reaktionen auf Situationen, die Angst und Terror hervorrufen, aber von den Erwachsenen nicht als solche wahrgenommen werden.

Meist beruht dies auf dem Verlust des eigenen empathischen Einfühlungsvermögens, weil unsere Gesellschaft Unabhängigkeit und Selbstvertrauen als unabdingbare Werte im Sinne einer Erziehungsideologie vorschreibt. Aber die Unabhängigkeit und das Selbstvertrauen, die hier gemeint sind, haben mit der Förderung von Wettbewerb, Leistung und Ambitionen zu tun, nicht aber mit Kreativität und Mitgefühl. Mitmenschen zu übertrumpfen und zu dominieren, sich nicht von Leid und Schmerz auf der Jagd nach Größe und Macht ›verführen‹ zu lassen, werden so zum Grundsatz des entstehenden Lebens.

Selbst für Freud, der noch in dieser kulturellen Ideologie gefangen war, galt ein Mann dann als psychoanalytisch geheilt, wenn er wieder oder weiterhin gesellschaftliche Überlegenheit anstrebte. Diese gilt auch heute noch als ganz natürliches Ziel des menschlichen Strebens. Der englische

Politologe Ronald V. Sampson untersuchte die Auswirkungen der Ungleichheit der Geschlechterbeziehungen bei den berühmten englischen Familiendynastien Barrett, Mills und Butler.[94] Hier wird schnell deutlich, dass das Weitergeben der Machtideologie ein Resultat der Ungleichheit zwischen Mann und Frau ist, und diese weiterhin existiert, obwohl heutzutage eine scheinbare Gleichheit offiziell gefeiert wird. Leider scheinbar, weil Gleichheit meistens heißt, dass eine Frau an den Maßstäben eines erfolgreichen, machtorientierten Mannes gemessen wird.

Ebenbürtigkeit sollte bedeuten, dass einer Frau durch ihre Eigenschaft als Leben gebende und empathische Person die gleiche Anerkennung wie ein Mann widerfährt – nur eben gemessen an anderen Maßstäben. Doch davon sind wir weit entfernt, weshalb die Ungleichheit weiter existiert. Solange Männer aber auch Frauen an einem Idealbild des männlichen Erfolgs festhalten, ist es für eine Mutter, die selbst Machthunger hat und dabei Unabhängigkeit und Selbstbehauptung im männlichen Sinne sucht, selbstverständlich, Macht im Bereich ihres Kindes zu suchen. Dies kann schlimmer werden, wenn ihr der eigene Drang nach Selbstverwirklichung im männlichen Sinne verwehrt bleibt.

Bereits John Stuart Mill schrieb in seinem Klassiker »The Subjection of Women«[95], dass die Abhängigkeit, in der dem anderen kein Recht auf die eigene Existenz zugestanden wird, uns dazu bringt, dass wir die Macht zum großen Objekt menschlicher Bedürfnisse machen. Dieses Machtbedürfnis kann am leichtesten in der Beziehung zu Kindern ausgeübt werden:

> *»Es ist die offensichtlichste Quelle der Erleichterung und Kompensation für eine Mutter, die in ihrer Selbsterfüllung enttäuscht ist und die ihre Energien nicht im ebenbürtigen Austausch mit anderen ausleben kann ... Kinder werden so zu lebendigen*

Objekten für den Erhalt von ›Zuwendung‹, die sich aus ent
täuschtem Stolz, erdrücktem Selbstrespekt, oder zurückgewiese
ner Liebe speist.«[96]

Fehlende Ebenbürtigkeit ist das Merkmal jener gesellschaftlichen Entwicklung, die mit dem Auftauchen der sogenannten Hochkulturen vor um die 8 000 bis 10 000 Jahren begann. Scheinbar war es der Machtdrang kriegerischer patriarchaler indoarischer Nomadenstämme, der die älteren matriarchalen Kulturen zerstörte.[97] Damit soll angedeutet werden, dass unsere männliche Ideologie alt und deshalb nur schwer zu durchschauen ist. Ihre Rechtfertigung wurde über Tausende von Jahren auf- und ausgebaut und hat ein fest zementiertes Fundament.

Dennoch zeigen sich die problematischen Auswirkungen machtorientierter Gesellschaften, wo Liebe und Ebenbürtigkeit zwischen den Geschlechtern fehlen. Das Tragische dabei: Die Verzerrung der Liebe wird meist durch die Mutter weitergegeben. Dabei ist die Mutter das eigentliche Opfer einer vom männlichen Wahnsinn des Herrschens, Erfolgs und der Größe gekennzeichneten Welt.

Die schlimmste Folge für die psychische Verfassung aller Beteiligten ist dann die Verleugnung der Tatsache, dass die Generierung eines Selbstwerts hier nur auf der Basis der Unterdrückung anderer möglich ist. Das führt zu einer Bewusstseinsverdrehung, weil der resultierende Terror, der zu einer Knechtschaft führt, verneint und unterdrückt werden muss. Der Herrscher ist dann angeblich der Beschützer, und so wird diese Selbstdarstellung der Unterdrücker durch Gehorsam unterstützt, der dazu dient, die Wahrheit zu vertuschen und die Wirklichkeit aus dem Bewusstsein zu verdrängen.

ABSOLUT NICHTS IST SO, WIE ES SCHEINT: DAS PSEUDO-URVERTRAUEN

Die Entwicklung im Sinne des Gehorsams führt dazu, dass das Opfer sich die Sicht des Unterdrückers als eigene Sicht einverleibt, während Wahrnehmungen, die es in der Beziehung zum Unterdrücker in Gefahr bringen, vom Bewusstsein ausgeschaltet werden. Die Angst, die mit diesem Terror verbunden ist, ist enorm, weil der frühe Terror aus der frühesten Kindheit ihn nährt. Aber durch die Identifikation mit dem Aggressor entwickelt sich eine Art von Pseudo-Vertrauen in die Welt, in der man lebt. Darauf werde ich später nochmals zurückkommen.

Der ungarische Psychoanalytiker Sandor Ferenczi (1932) war der Erste, der die psychische Umkehr der Wahrheit innerhalb der Herrschaftsbeziehung zwischen Kind und Eltern beschrieb. Die Wahrnehmung des Kindes, dass sein Sein und seine Bedürfnisse nicht geachtet werden, ist für das Kind so terrorisierend, dass es in seiner Ohnmacht den Unterdrücker idealisiert. Dadurch verleibt es sich seine Macht ein und kompensiert so seine Hilflosigkeit. Diese früheste Art, dem Terror durch die Identifikation mit dem Aggressor auszuweichen, ist die Basis für die freiwillige Knechtschaft, die Etienne de la Boëtie bereits im Jahre 1550 beschrieb.[98] Damit diagnostizierte er die politischen Konsequenzen dieser Identifikation im Erwachsenenalter. Über die Unterdrückten schrieb er:

> *»Wohl müssen sie manches von ihm dulden, aber diese von Gott und Menschen Verworfenen stecken ein Unrecht ein, um es nicht den, der es ihnen antat, entgelten zu lassen, sondern Unschuldige, die leiden wie sie und sich nicht wehren können.«*[99]

Was sich jedoch in diesem Vorgang, der so bestimmend ist für den Verlust der eigenen Identität, am schlimmsten ausdrückt, ist, dass ein Mensch dadurch auch seine Menschlichkeit einbüßt. Denn der Aggressor besteht darauf, dass der Unterdrückte seinen ihm zugefügten Schmerz verleugnet. Das entfremdet den Menschen schon als Kleinkind von sich selbst. Diese Selbstentfremdung gilt sogar für beide, den Aggressor wie auch sein Opfer. Mechthilde Kütemeyer, eine außergewöhnliche Medizinerin für psychosomatische Neurologie, schreibt dazu das Folgende:

>»... (der) entfremdete Körper und (die) Verneinung des Schmerzes macht viele sonst unverständliche paradoxe Phänomene verständlich, ... die Verneinung des Schmerzes führt zu Mordimpulsen, zu Gewalttätigkeit ... ebenso häufig oder noch mehr zu Gewalttätigkeit gegen die eigene Person ...«

Der Schmerz wird verleugnet, und dennoch sucht man ihn, indem man sich selbst oder anderen Schmerz zufügt. Auf diesem Weg finden solche Betroffenen noch einen letzten spürbaren Zipfel vom Leben. Aber überhaupt wird es bei uns als Zeichen der Männlichkeit angesehen, anderen Schmerzen zuzufügen, wodurch der Ursprung dieser Gewalttätigkeit vollkommen vertuscht wird. Man muss sich nur in einen Kindergarten begeben und sehen, wie Buben dauernd andere Kinder hauen, deren Spiel stören oder Dinge kaputt machen. Ein solches Verhalten wird dann als Beweis ihrer wachsenden Männlichkeit gedeutet.

Die Trennung von der Wahrnehmung des eigenen Schmerzes und die daraus resultierende Aggressivität kommen in unserer Kultur auch im intimsten zwischenmenschlichen Bereich zum Ausdruck. Und es kann schon ganz früh zustande kommen, in der basalen somatischen Interaktion zwischen Säugling und Mutter nach der Geburt. Vuorenkoski

und seine Mitarbeiter haben den Reaktionsprozess der Brustdrüsen stillender Mütter auf den Hunger- und Schmerzens-
schrei Neugeborener gemessen.[100] Es ging also nicht um bewusste, absichtliche Reaktionen, sondern um die somatische
Reaktivität der Brustdrüsen der Mütter auf das Schreien von
Säuglingen drei und fünf Tage, nachdem sie ihr eigenes Kind
geboren hatten. Von 40 Müttern reagierten 16 innerhalb von
vier Minuten, 16 innerhalb von sieben Minuten, vier erst eine
Minute nach Beendigung der Schmerzensschreie und vier
Mütter überhaupt nicht.

Das zeigt, dass die somatische Reaktion auf den Schmerz-
schrei eines Neugeborenen von der persönlichen Entwicklungsgeschichte einer Mutter abhängig sein muss, also, ob
sie selbst für Schmerzempfindlichkeit sensibilisiert ist oder
nicht. Das lässt Rückschlüsse darauf zu, wie bei der Empfin-
dung von Schmerz unser ganzer Körper integriert ist, und
wie physiologische und hormonelle Vorgänge ein Teilbestand
dieser Integration sind. Gleichzeitig fängt hier ein Lernen an,
das für den Säugling seine Empfänglichkeit für Schmerz und
die damit verbundenen strukturellen Prozesse bestimmt. Ob
seine Verzweiflung mit Stillen beantwortet wird oder nicht,
kann strukturelle Konsequenzen für die Zahl seiner Gehirnzellen haben. Fred Gage zeigte beispielsweise in einer Studie
am Salk Institut, dass die Zahl der Gehirnzellen von Tieren
sich um 15 Prozent steigerte, wenn sie taktile Stimulation erhielten.[101]

Deswegen, so formuliert Hotz, bedeutet dies, dass sich die
Gehirnzellen eines Säuglings ohne liebende Aufmerksamkeit
vom Leben verabschieden. Wir wissen, dass das wachsende
Gehirn bis zum Erwachsenenalter ungefähr die Hälfte seiner Neuronen verliert. Bei vernachlässigten Jungtieren sterben jedoch bereits doppelt so viele Neuronen ab wie bei Tieren, die bei ihren Müttern bleiben konnten. Mit solch einer

Vernachlässigung der mütterlichen Stimulation verkümmern also die sich entwickelnden neuronalen Verschaltungen. Diese Verschaltungen haben Einfluss auf die Produktion von Stress modulierenden Hormonen. Wenn das zu einem höheren Stressspiegel führt, kann das wiederum bei Säuglingen das Wachstum des Gehirns und des Körpers beeinträchtigen.

Wenn dagegen eine Tiermutter ihre Jungen leckt, stimuliert das biologische Substanzen, die die Produktion von Stresshormonen (CRH) hemmen. Das bedeutet in der Folge, dass eine Mutter, wenn sie auf die Schmerzen ihres Kindes reagieren kann, es hält, streichelt oder stillt, die Veränderungen im Drüsengewebe und im Gehirn, die nach mütterlicher Vernachlässigung entstehen, wieder aufheben kann.[102]

All diese Beispiele zeigen uns, dass das, was zur Verneinung des Schmerzes führt, die Basis von aggressivem Verhalten ist, da Menschen diesen unterdrückten Schmerz suchen, um seiner wieder habhaft zu werden. Dann passiert das, was zur Aggression und Gewalttätigkeit führt. Eine Spielart, wie diese Pathologie bei uns immer weiter fortschreitet, ist durch die schon beschriebene Ungleichheit in den Geschlechterbeziehungen gekennzeichnet. Wir verneinen diese Ungleichheit allerdings, wodurch diese pathologische Entwicklung als Ausdruck männlicher Vollkommenheit zusätzlich idealisiert wird. Und so wird der Trieb nach Größe, nach Macht über Menschen und die Natur, nach Reichtum und Besitz zum Sinn des Lebens. Im nächsten Absatz zeige ich, wie diese Widersprüche falsch interpretiert werden.

ZWEI SEITEN EINER MEDAILLE – SUBLIMIERUNG UND MACHTTRIEB

Der sich entwickelnde Trieb nach Größe und Macht ist das Resultat eines Ressentiments, er ist die Reaktion auf die Unterdrückung der Wut und des Schmerzes durch den Terror, den der Liebesentzug und die Nichtanerkennung mit sich bringen. Dies führt wiederum zu einem gewaltigen Stress, der aber ins Unbewusste gedrängt wird, da er den Terror wieder auslösen könnte. Dieses Unbewusste ist die Energiequelle für Macht und Größe. Freud nannte diesen Prozess Sublimierung. Damit verhüllte er allerdings die Pathologie des gesellschaftlichen Umfeldes, der diese Entwicklung fördert. Zugleich wurde damit diese aufsteigende Energie als Beweis für Kraft und Selbstvertrauen gefeiert. Dieses Selbstvertrauen spiegelt jedoch nur eine erfolgreiche Anpassung an das wider, was das Eigene unterdrückte. John Stuart Mill schrieb dazu:

> »Verwehrt man einem ... die Freiheit, so wird er nach Macht suchen; entzieht man ihm die Herrschaft über sich selbst, so wird er seine Persönlichkeit sichern, indem er andere zu beherrschen versucht. Indem man einem menschlichen Wesen keine eigene Existenz gestattet, sondern nur eine in der Abhängigkeit von andern, setzt man es einer gar zu großen Versuchung aus, andere seinen Zwecken dienstbar zu machen. ... Wo man auf keine Freiheit, wohl aber auf Macht hoffen kann, wird Macht das große Ziel der menschlichen Wünsche.«[103]

Und genau das tun Männer, die selbst in ihrem Sein geschädigt wurden. Sie missbrauchen ihre Frauen, um ihren frühen Verlust zu kompensieren.

Für Menschen, die eine solche verletzende Entwicklung durchmachen mussten, ist das innere Leben ein brodelnder Kessel voller Wut. Da diese nicht gegen den Verursacher aus-

gedrückt werden darf, wird sie zum Antrieb für die unaufhör-
liche Jagd nach Macht. Der Druck, der durch die ständige
Demütigung entsteht, wird dann an anderer Stelle freigege-
ben. In Kulturen, die diesen Weg fördern, werden deswegen
Aggression und Gewalt das tägliche Leben bestimmen. Das
Problem ist jedoch, dass diese Entwicklung dazu führt, dass
Denken und Fühlen voneinander getrennt werden.

Das führt wiederum dazu, dass Abstraktion und Intelligenz überschätzt werden und der Zugang zur Wirklichkeit
verloren geht. Wird die Intelligenz überschätzt, dann, so bemerkte Søren Kierkegaard 1846, transformiere sie die Wirklichkeit in stellvertretende abstrakte Ideen hinein. Ideen be-
anspruchen dann eine höhere ›Realität‹ und koppeln sich
von den wirklichen Vorgängen, denen sie entsprechen sollten,
ab und entfernen sich weit von ihnen.[104] Solche abstrakten
Vorgänge, schrieb Kierkegaard, verwandeln »die wirkliche
Situation in unwirkliche Tricks und Realität in ein Spiel«.
Dadurch wird die Abstraktion selbst zum Mittel der Destruktivität ohne Bewusstsein für diese Destruktivität.

DER VERLUST DES MITGEFÜHLS –
DIE VIELEN FACETTEN DER DESTRUKTIVITÄT

Dadurch, dass Menschen als unnütz oder wertlos eingestuft
wurden, konnte man sie in der Vergangenheit ohne Weiteres ermorden. Die SS, deren führende Offiziere meist eine
›humanistische‹ Schulerziehung genossen hatten, war maßgeblich an der Vernichtung von Juden, Roma und auch
deutschen Behinderten beteiligt. Die Trennung zwischen abstraktem Denken und empathischen Gefühlen muss extrem
gewesen sein.

So kann Dr. Hans Münch in einem Interview auch Jahre später ganz frei von Folter und sadistischen ärztlichen ›Forschungen‹ erzählen, ohne einen Widerspruch zum Menschlichen zu verspüren.[105] Der Interviewer beschreibt ihn als einen alten liebenswürdigen Herrn, der seinen Besucher zuvorkommend umsorgt, »während er erzählt, wie mühsam es war, die Juden (in Auschwitz-Birkenau, Anm. A.G.) zu verbrennen«. Er sei, sagt er, aus Opportunismus und nicht aus Überzeugung zur SS gekommen. Seinen Dienst in Auschwitz leistete er im Hygiene-Institut der Waffen-SS:

> »Juden auszumerzen, das war eben der Beruf der SS damals ... Ich konnte an Menschen Versuche machen, die sonst nur an Kaninchen möglich sind. Das war wichtige Arbeit für die Wissenschaft.«

Aber was unterscheidet diese Situation eigentlich groß von der heutigen? Zwar wird nicht direkt gemordet, aber Wirtschaftswissenschaftler und Neoliberale beharren darauf, dass Regierungen sparen müssen und für Arbeitslosigkeit keine gesellschaftliche Verantwortung bestehe. Folgende Abstraktion steckt dahinter: Schulden der Regierung sind dasselbe wie private Schulden. Aber stimmt das denn? Tatsache ist, dass eine Regierung mehr ausgeben kann, als sie an Steuern einnimmt, da sie selbst das Geld in Umlauf bringt.[106] Was die Abstraktion vom Bewusstsein abschneidet, ist die mitmenschliche Fürsorge. Eine Regierung hat die Verantwortung, eine Gesellschaft zu schaffen, in der jeder, der arbeiten möchte, auch arbeiten kann. Stattdessen wird jedoch andauernd über das Wachstum der Ökonomie gesprochen, obwohl reines Wachstum als Lebensmotivation nicht zum Leben führt, sondern zu seiner Negierung.[107] Die eigentliche Motivation ist die Idee der Größe, die dem menschlichen Bedürfnis entspringt, seiner grundsätzlichen Unsicherheit zu entkommen. Sich mit diesen Tatsachen zu konfrontieren, würde Menschen ihr Leid und ihre Verletzlichkeit vor Augen führen. Dadurch würden sie am Leben wirklich teilnehmen können und zum Empathischen, zum Mitgefühl und zu der Erkenntnis, dass alle Lebewesen ein Recht auf ihre Zukunft haben, zurückkommen können.

Leider hat das Streben nach Profit inzwischen beinahe religiöse Züge angenommen und ist zu einem Glauben angewachsen, der alle Bereiche des Lebens zu überwältigen und zu übernehmen droht. Kosten und Nutzen sind heute die Maßstäbe für menschliches Verhalten geworden. Alles muss nach ökonomischen Gesichtspunkten bewertet werden und nicht nach den Bedürfnissen des Menschen. Im Gesundheitswesen bestimmen nicht Krankheit und die damit verbundenen Bedürfnisse die Methode, sondern wirtschaftliche Aspekte, wie Kosten oder das Alter des Patienten im Verhältnis zum Behandlungsaufwand.

Uns bedroht der Verlust oder die Einschränkung des Mitgefühls. Erfährt ein Mensch in seiner frühesten Kindheit keine Anerkennung seines Selbst, setzt dieser Prozess unaufhaltsam ein. Die Quelle aller destruktiven Aggressionen versiegt danach nicht mehr, nur ihr Ausdruck ist verschieden. Manchmal ist dieser Ausdruck direkt, manchmal vollkommen verhüllt, sodass die aggressive Tat nicht als solche erkennbar ist. Manche sublimieren ihre Destruktivität durch Ehrgeiz, Ambition und Wettbewerb, und scheinen sich für ihre Mitmenschen zu interessieren und sich um sie zu sorgen.

Aber es gibt auch jene Menschen, deren Aggressionen ganz unmittelbar sind: Sie agieren kriminell. Diese Gruppe ist wegen ihrer Taten leicht wiederzuerkennen. Sie zieht den Unmut der Gruppe auf sich, die ihre Aggressionen verhüllt und nicht erkennen darf, dass die offenen und die verhüllten

Aggressoren eines gemeinsam haben: die *Destruktivität*, die ihr Handeln motiviert und durchzieht.

ÜBERALL LAUERT BEDROHUNG – TERRORISMUS IM INNEREN UND ÄUSSEREN

Eine weitere Spielart destruktiver Menschen versteckt ihre mörderische Wut unter dem Deckmantel von Ideologien oder religiösem Glauben. Ihr ideologischer Glaube berechtigt sie scheinbar zu dem, was schon vorher existierte: Wut und Destruktivität, die auch wiederum durch die Unterdrückung des Eigenen von Geburt an entstehen. Aber, und das ist das Bezeichnende, die Wut, die durch das Verhalten des ursprünglichen Aggressors erlebt wurde, konnte vom Kleinkind nicht ausgedrückt werden, weil es sich mit dem Aggressor identifizieren musste, um überleben zu können. So richten sich diese Wut und die resultierende Destruktivität gegen andere Opfer, die so zum Feind werden.

Diese enorme Wut hat zwei Quellen: Den Aggressor und die Bestrafung des eigenen Selbst, das sich entwickelt, weil es das Kind in seiner Notwendigkeit, eine Bindung zum Aggressor aufrechtzuerhalten, gefährdet. Zusätzlich sind solche Personen, weil sie keine eigene Identität entwickeln können und ihren persönlichen Zusammenhalt auf der Basis von Anpassungen an Autoritäten formen, auf der dauernden Suche nach Sinn und Bedeutung. Dies gilt umso mehr, wenn ihre gesellschaftliche Lage, ausgelöst durch fehlenden Status und Arbeit, ihnen keinen Sinn fürs Leben geben kann. »Ich fühlte«, sagte ein Selbstmordattentäter, der an seiner Tat gehindert wurde, im Verhör, »dass mein Leben sinnlos ist. Ich wollte sterben.«[108] Und so geben Menschen im Namen

Gottes oder einer politischen Ideologie die Welt der Zerstörung preis und zelebrieren ihren nahenden Tod als Sieg.

Dahinter steckt nichts anderes als das Gefühl vollkommener, ja absoluter Ohnmacht, ein Gefühl, das seinen Ursprung in der Behandlung durch die Eltern hat. Die Eltern selbst sind aber ihrerseits auch wieder geformt durch eine Kultur, in der sie ihr Kind als Objekt betrachten, es besitzen, beherrschen und bestimmen können. Je stärker Eltern von diesem kulturellen Ethos bestimmt sind, desto stärker stehen sie in Spannung zum Eigenen ihres Kindes, brechen seinen Widerstand und zwingen ihr Kind, ihr Sein anzunehmen und das eigene Sein aufzugeben. Die Bourgeoisie und die wirtschaftliche Klasse, die sich am stärksten mit den Herrschenden und ihrer Ideologie identifiziert hat, fordern die stärkste Anpassung: Ihre Kinder müssen sich am meisten nach den Erwartungen der Eltern richten, ihnen unterordnen, ja sich ihnen unterwerfen.

Daher ist es überhaupt nicht erstaunlich, dass so viele der blutdürstigsten Attentäter und Selbstmordterroristen aus der Mittelschicht stammen. Sie revoltieren. Aber sie wenden sich nicht gegen die Aggressoren, die sie unterdrücken, sondern gegen jene Menschen, die sie zu ihren Feinden auserkoren haben. Allerdings entspricht ihre Kritik an den USA und ihrer dominierenden Rolle oder anderen imperialistischen Nationen durchaus der Wirklichkeit.

ABER!

Gewalttäter sehen nicht immer wie Gewalttäter aus. Ihre Rache am Leben stanzen sie in ideologische Formeln. Damit wollen sie Menschen vor dem Gefühl, bedeutungslos und schwach zu sein, bewahren. Sie versprechen darüber hinaus

Identität, indem sie die Zugehörigkeit zu einer Gemeinschaft Gleichgesinnter vermitteln. Indem zunächst ein Feindbild vor ihren Augen entworfen wird, meinen solche Menschen, eine gewisse Bedeutung ihrer eigenen Person zu erleben. In eine gemeinsame Aufgabe involviert zu sein, die Kraft gibt, weil man sich als Teil einer großen Gruppe fühlt, ersetzt so die *Identitätslosigkeit,* die ständig gefühlt und erlebt wurde. Eine Art von *Zugehörigkeitsidentität* entsteht, die mit einer eigenen Identität nichts zu tun hat, aber als solche erfühlt wird. *Eigenidentität* beruht jedoch auf inneren Prozessen und entwickelt sich aus empathischen Fähigkeiten.

Und darin liegt das Problem: Die *Identitätslosen* sind von ihren empathischen Vorgängen getrennt und bieten jenen Gewalttätern eine Führerrolle. Diese Gewaltverführer bieten im Gegenzug den Identitätslosen an, durch die Teilnahme an inszeniertem Größenwahn und hasserfülltem Selbstmitleid, sich identifizieren zu können. Dieses Selbstmitleid entsteht vor allem dann, wenn ein Mensch Erfahrungen macht, in welchen er sich ausgenutzt und betrogen fühlt, wie das folgende Beispiel belegt.

Jussi Halla-aho zog im April 2011 mit der Partei Perussuomalaiset (»Wahre Finnen«) ins finnische Parlament ein.[109] Mit knapp 20 Prozent der Stimmen wurde diese Partei nach den Konservativen und den Sozialdemokraten zur drittstärksten des Landes. Als rechtspopulistische Partei pflegt sie nicht nur den Nationalismus, sondern schürt auch diverse Verschwörungstheorien, die im Kern behaupten, es gäbe ein finnisches Urvolk. Diese Partei entwirft also eine Identität und stützt sich auf die Idee einer ausgezeichneten Gemeinschaft, die durch falsche Nutznießer, vornehmlich Einwanderer muslimischer Herkunft, ausgenützt, bedroht und betrogen werde.[110] Alle etablierten Parteien werden als Verräter Finnlands gesehen. Darüber hinaus überhöht eine

Nationalromantik den vermeintlichen gemeinsamen ›ethnischen‹ Ursprung und die eine ›wahre‹ völkische Kultur. So legen sich identitätslose Menschen das Gefühl einer besonderen Identität zu und eignen sich diese Identität an.

Gleichzeitig entwerfen die »Wahren Finnen« ein greifbares Feindbild und malen es facettenreich aus. Jussi Halla-aho warnte davor, dass Muslime an einen Propheten Mohammed glauben, der pädophil gewesen sei, dass die muslimischen Immigranten in öffentlichen Kinderschwimmbecken masturbierten und dass Frauen kein Recht auf eigenes Denken in dieser Glaubensgemeinschaft eingeräumt werde. Wie bei Hitler und anderen Demagogen kommt in der von Hallah-aho propagierten Ideologie die Bedrohung von außen, von dem Fremden, und zugleich wird die männliche Minderwertigkeit durch die Unterwerfung der Frau gestützt.

Diese Art Führer treibt ein Nihilismus den menschlichen Werten gegenüber an; ihr zerstörerischer Geist muss Liebe und Mitgefühl zunichte machen. Die Anhänger, die diese Gruppe unterstützen und ihre Lehren zu religiösen Formeln erheben, sind genau jene, die nach einer Bedeutung in ihrem Leben suchen, um die innere Leere zu füllen. Was aus dieser ungünstigen Konstellation aber übrig bleibt, sind zwei Dinge:

(1) Wenn eigener Schmerz nicht ausgelebt werden darf, wird er später wieder kompensiert, indem man einem anderen Schmerzen zufügt und so den eigenen Schmerz weitergibt.

(2) Man bemitleidet sich selbst dafür, dass man anderen Schmerz zufügen muss.

Das beste Beispiel dafür ist die Rede von Himmler, dem Chef der Gestapo und Reichsführer-SS, die er im Oktober 1943 in Polen vor SS-Führern über die Vernichtung der Juden hielt:

»Von euch werden die meisten wissen, was es heißt, wenn 100
Leichen beisammen liegen, wenn 500 oder wenn 1000 daliegen.
Dies durchgehalten zu haben und dabei – abgesehen von Aus-
nahmen menschlicher Schwächen – anständig geblieben zu sein,
das hat uns hart gemacht.«[111]

Hier wird das zur Schau gestellte Entsetzen über die eigenen mörderischen Grausamkeiten und Unmenschlichkeiten
in Selbstmitleid umgelenkt. Die SS fühlte sich dadurch berechtigt, ihre Opfer anzugreifen, denn diese erweckten ja
Schuldgefühle. Schuld ist eine heikle Sache, denn sie wurde
ursprünglich als die elterliche Waffe gegen die eigenen auto-
nomen Bestrebungen erlebt. Schuldgefühle, die ja erlebt wurden, wenn man als Kind den Forderungen der Eltern nach
›richtigem‹ Verhalten nicht folgte, deswegen mit erniedrigter
Selbstachtung gezüchtigt wurde und nur dazu dienten, die
Zerstörungswut zu verbergen.

Aber das Destruktive und Mörderische ist nicht nur bei
Demagogen zu finden, man findet es auf vielen Ebenen des
öffentlichen, wirtschaftlichen, politischen und juristischen
Wirkens: Von März 2011 bis Mai 2012 saß Bei Bei Shuai wegen mutmaßlichen Mordes durch versuchten Selbstmord in
Untersuchungshaft im US-Bundesstaat Indiana, und ist noch
immer wegen Mordes angeklagt. Der Fall verhält sich folgendermaßen: Bei Bei war in der 33. Woche schwanger, als ihr
Freund ihr ein unglaubliches Geständnis machte. Der Mann,
den sie bald hatte heiraten wollen, eröffnete ihr, dass er schon
verheiratet sei und zwei Kinder habe. Es war kurz vor Weih-
nachten, ihr Leben, ihre Zukunft, alles stürzte wie ein Karten-
haus ein – und die junge Frau brach zusammen.

Als sie wieder zu sich kam, ging sie in einen Baumarkt,
kaufte Rattengift, schluckte daheim die ganze Packung, und
überlebte dennoch. Freunde brachten sie ins Krankenhaus.
Dort gebar sie eine Woche später ihre Tochter. Wenige Stun-

den nach der Geburt diagnostizierten die Ärzte eine Hirnblutung bei dem Neugeborenen. Mit der Einwilligung der Mutter stoppten sie die lebenserhaltenden Maßnahmen für das bereits stark hirngeschädigte und kaum überlebensfähige Kind.

Im März wurde Bei Bei Shuai von der Polizei daheim abgeholt. Der Staatsanwalt warf ihr Mord und versuchte Fötus-Tötung vor. Im Staate Indiana existiert kein Gesetz gegen versuchten Selbstmord. Aber der Staatsanwalt argumentierte, die Angeklagte habe gegen einen lebensfähigen Fötus und gegen ein neugeborenes Kind Hand angelegt.[112]

Der Staatsanwalt trennt unter dem Deckmantel juristischer Abstraktion das Leben des Fötus von dem der Mutter ab, als ob der Fötus selbst existieren, als ob er von der Entwicklungsgeschichte seiner Mutter losgelöst werden, ja als ob das Leben eines Säuglings von der Seelenverfassung der Mutter und ihrer Schwangerschaft abgetrennt werden könne. Weite Bevölkerungskreise gehen sogar so weit, schwangeren Frauen die Eigenverantwortung über ihre Schwangerschaft zu entziehen. Eine autoritäre Gesinnung, die einer Frau die Entscheidung über ihr eigenes Leben untersagt! Und in dem hier vorliegenden, gerade beschriebenen Fall handelt es sich noch nicht einmal um eine bewusste Entscheidung, sondern eine Verzweiflungstat.

Bei Bei Shuais Welt brach zusammen, als die Träume von Heirat und Familienglück wie eine Seifenblase platzten – und ihre daraus resultierenden Handlungen können gar nicht anders als affektiv eingeschätzt werden, die in einem Moment der Unzurechnungsfähigkeit ausgelöst wurden.

Im Allgemeinen wird jedoch der Konsens vertreten, eine schwangere Frau müsse jegliches Recht auf Eigenverantwortlichkeit abtreten. In diesem Zusammenhang lässt sich auch auffällig häufig beobachten, wie viele Frauen sich restlos mit der Autorität des Mannes identifizieren, ja, sie sich regelrecht einverleibt haben. Eine Frau wird von einem Mann schwanger. Und dadurch verliert sie das Recht, über sich selbst zu entscheiden, ob sie das Kind haben möchte – und das oft sogar bei Vergewaltigungen.

Im *Anti-Abortion-Movement,* der *Bewegung gegen das Recht auf Abtreibung* in den USA, geben vor allem Frauen den Ton an. Wiederum beobachten wir eine Form der Hörigkeit, die ebenfalls ein Aspekt der Identitätslosigkeit ist und identitätslosen Menschen das Gefühl einer persönlichen Substanz vermittelt. Dass diese Einstellungen zur Schwangerschaft und dem damit einhergehenden Verlust des Rechts auf die Eigenverantwortung der Frauen mit politisch reaktionären Bewegungen einhergehen, die autoritär und im Kern faschistisch sind, ist deshalb kaum erstaunlich. Solche Kreise wollen unter der Ideologie einer völkischen Gemeinsamkeit Lebendigkeit und Freiheit eindämmen und eliminieren.

In diesem Fall, wie auch bei allen solchen ›ideologisch‹ motivierten Verhaltensweisen, ist das Destruktive und Mörderische verhüllt. Wir meinen, auf die abstrakten Konzepte dieser Ideologien logisch erwidern zu müssen. Dadurch werden wir zum Opfer der Abstraktionen. Denn die Abstraktionen verstellen nur den Blick dafür, dass es um tödliche Motivation und den Hass gegen das Leben geht.

Sophie und Hans Scholl erkannten die Gefahr von Abstraktionen sehr klar und äußerten sich dazu in ihren Flugblättern gegen das Nazi-Regime. Was sie schrieben, gilt bis heute für den Missbrauch des Ideologischen:

>»Man kann sich mit dem Nationalsozialismus geistig nicht auseinandersetzen, weil er ungeistig ist. Es ist falsch, wenn man von einer nationalsozialistischen Weltanschauung spricht, denn wenn es diese gäbe, müßte man versuchen, sie mit geistigen Mitteln zu beweisen oder zu bekämpfen – die Wirklichkeit aber

bietet uns ein völlig anderes Bild: schon in ihrem ersten Keim
war diese Bewegung auf den Betrug des Mitmenschen angewiesen ...«[113]

Wenn man versucht, intellektuell auf die Abstraktionen dieser ideologisch geführten Bewegungen einzugehen, kann
man nicht mehr sehen, dass es nicht um Ideologie geht, sondern um etwas, das mit Hass gegen das Lebendige, das Sich-
Bewegende und Verändernde zu tun hat. Doch genauso gibt
es den direkten, offensichtlichen Hass, der sich keiner ideologischen Verkleidung bedient:

> »Berlin: Nach dem brutalen Überfall auf einen 29-Jährigen am
> Berliner U-Bahnhof Friedrichstrasse ist gegen den Haupttäter
> Haftbefehl wegen versuchten Totschlags ergangen ... Der 18-jäh-
> rige Schüler hatte in der Nacht zu Ostersamstag einen Gas- und
> Wasserinstallateur mit mehreren Tritten gegen den Kopf so
> schwer verletzt, dass dieser das Bewusstsein verlor. Der Schläger
> räumte später in seiner Vernehmung ein, das Opfer aus reiner
> Streitlust zufällig ausgesucht zu haben.«[114]

Sein ebenfalls 18-jähriger Kompagnon hatte einen Zeugen
durch einen Tritt in den Rücken daran gehindert, den Haupttäter festzuhalten.

Der Haupttäter musste sich nun vor Gericht wegen versuchten Totschlags, sein Komplize wegen gefährlicher Kör-
perverletzung verantworten. Keiner der beiden kam in Haft.
Die Berliner Staatsanwaltschaft begründete die Haftverscho-
nung damit, es bestünde keine Fluchtgefahr. Der 18-Jährige
lebte noch bei den Eltern. Für die Freilassung des Mittäters
wurde in der Zeitung kein Grund angegeben.

Deutlich erkennbar ist hier das abgrundtief Böse, der
Hang zum Morden aus Lust, die von der Gesellschaft und aus
dem Bewusstsein verdrängt werden.

Es liegt eine allgemeine gesellschaftliche Unwilligkeit vor, das Böse zuzulassen, aber gerade dadurch wird die von Hass erfüllte Tat verniedlicht und verneint. Wenn man den eigenen Hass nicht wahrhaben will, wird man ihn auch nicht in anderen Tätern finden. Dadurch werden die zwei Schläger auch von ihrer Verantwortung befreit, mit der sie wenigstens konfrontiert gewesen wären, wären sie weiter in Haft geblieben.

Es geht hier nicht um Bestrafung, sondern darum, dass gewalttätiges Verhalten unterbunden werden muss, um die Täter mit einem *Nein* zu ihrem verantwortungslosen Verhalten zu konfrontieren. Das wäre der erste Schritt, durch den ein Täter eine klare gesellschaftliche Wertung erhalten würde. Alles andere führt nur zur andauernden und wachsenden Verachtung menschlicher Werte seitens der Täter.

WIEDER ABER

Destruktivität hat leider viele Gesichter. Die Unfähigkeit, das uns bevorstehende Desaster der »irreversiblen« globalen Erwärmung anzuerkennen, ist wohl die markanteste Manifestation des Selbstzerstörerischen in uns. Die Debatte hierüber wird logisch geführt. Dabei geht es gar nicht um Logik, sondern um die Interessen von Menschen, die dem langfristigen Blick aufs Ganze ausweichen und die sich gar keine Gedanken machen über das, was mit unseren Kindern passieren wird.

Diese Kurzsichtigkeit mit angelegten Scheuklappen wird immer wieder zum Problem und entsteht, weil es schon in der Kindheit zu einer Gefahr hätte werden können, die ganze Wirklichkeit und damit die Wahrheit zu erkennen. Aber nur dieses, im Grunde empathisch wahrgenommene Ganze, führt zur Wirklichkeit. Einer meiner Patienten erlebte einmal einen solchen Moment, als die in ihm verborgene Wahrheit aufschien und er ausrief:

>*Man lebt die Nicht-Wahrheit, weil die Wahrheit einen sonst töten würde! Sie hätte mich in eine tiefe Depression getrieben. Das wäre mein Tod gewesen. Alles war Schmerz und Dunkelheit. Es macht noch jetzt Angst, eine irrsinnige Angst. Ich spüre einen ganz tiefen, uralten Schmerz.*«

Wir sehen hier, dass ein Kleinkind überlebt, indem es die »Nicht-Wahrheit« lebt. Sie schützt gegen eine Depression, die zum Tod führen könnte. Was eigentlich zum Überleben führt, und deswegen eine Lebenskraft ist, ist somit zugleich das, was uns Menschen in den Untergang treiben kann, da es von der Wahrheit weg führt.

Man könnte sagen, dass die lebensrettende Lüge viele Menschen konditioniert, später so weiter zu leben, ohne ein Bewusstsein dafür auszubilden, dass sie dadurch Unwahrheiten unterstützen. Das gilt natürlich auch auf dem Gebiet der Wissenschaft. Helen Epstein, die viele medizinische Unwahrheiten aufgedeckt hat, belegte 2011 durch eine Studie, dass Milliarden für den Impfstoff Tamiflu ausgegeben wurden, der angeblich vor Schweinegrippe schützen sollte. Neueren Untersuchungen zufolge trifft dies jedoch nicht zu; zudem ist Tamiflu wegen seiner gefährlichen Nebenwirkungen bedenklich.[115]

Doch wissenschaftliche Forschungsergebnisse, die die Wirksamkeit und Sicherheit belegten, veranlassten die Weltgesundheitsorganisation (WHO) damals, den medizinischen Notstand auszurufen und auf die Bekämpfbarkeit durch dieses Medikament hinzuweisen. Aber all diese Forschungsarbeiten dazu – viele davon wurden von großen Pharmakonzernen unterstützt – weisen erhebliche Fehler und Manipulationen von Daten auf. Ganz klar, die Pharmakonzerne hatten für ihr Verhalten nur ihren eigenen Profit als Motivation im Auge. Aber wie verhält es sich mit den vielen Wissenschaftlern, die bei der Manipulation der Ergebnisse mitgemacht hatten? Wir sehen hier offensichtlich das Zusammenspiel zwischen Motivationen, die mit Profitdenken zu tun haben, und einer früh angelegten Notwendigkeit, unbequeme Wahrheiten zu verneinen.

UND NOCHMALS ABER

Wo die Notwenigkeit, Wahrheit zu verneinen, existiert, existiert auch die angestaute Wut, die die Unterdrückung der eigenen Wahrnehmungen und Bedürfnisse mit sich bringt. Das erklärt auch, warum es immer wieder möglich wird, Menschen, die menschlich agiert haben, dazu zu bringen, sich unmenschlich zu verhalten.

Philip Zimbardo, Psychologieprofessor an der Universität von Kalifornien, brachte beispielsweise scheinbar gewöhnliche Studenten dazu, sich in einem Experiment sadistisch zu benehmen.[116] Eine Gruppe wurde dafür willkürlich in Wärter und Gefangene aufgeteilt. Die Wärter mussten Methoden entwickeln, um die zahlenmäßig überlegenen Gefangenen unter Kontrolle zu halten. Innerhalb von sechs Tagen kam es zu Erniedrigungen, Brutalität und Unmenschlichkeit seitens der Wärter. Etwa ein Drittel der Wärter wurde hart und grausam; eine mittlere Gruppe war hart, aber fair und nicht darauf aus, die Gefangenen schlecht zu behandeln. Weniger als 20 Prozent erwiesen sich als Wärter, die Gefangene nicht bestraften, sondern menschlich mit ihnen umgingen. Das bedeutet, dass dieselbe konkrete Situation auf verschiedene Menschen unterschiedliche Einflüsse hat und sich das Verhalten darauf unterschiedlich auswirkt.

Individuelles Verhalten muss also mit Unterschieden in den Persönlichkeitsstrukturen dieser Menschen zu tun haben. Immer wieder sind Fälle zu beobachten, bei denen sich die Reaktionen der Menschen auf die gleiche Weise verteilen, wenn die Möglichkeit für sadistisches und erniedrigendes Verhalten geben ist. Bis zu zwei Drittel reagieren mehr oder weniger unmenschlich, 17 Prozent oder weniger menschlich. Diese Verteilung findet man in den Resultaten von Milgrams Studie über Gehorsam[117], in den Studien von E. Eriksons über Familienverhältnisse in Mexiko[118] oder in Judith Hermans Aufzeichnungen über Veteranen, die in Vietnam an Greueltaten gegen die Bevölkerung beteiligt waren, und jene, die das nie waren.[119] Die letzteren waren Menschen, die in ihrer Kindheit Liebe und Zuwendung erlebt hatten, sie mussten nie ihre Männlichkeit unter Beweis stellen und sie waren immer bereit, anderen zu helfen.

Das würde bedeuten, dass die Ursache für ein tendenziell grausames Verhalten in dem Umstand zu finden ist, dass die Identitätsstruktur dieser Menschen durch Unterdrückung ihrer eigenen Wahrnehmungen und Bedürfnisse zustande kam. Dadurch wird die Fähigkeit zur Empathie minimiert und eine lauernde Aggression aufgebaut, die dann zum Ausdruck kommt, wenn das Umfeld gewissermaßen die Erlaubnis dafür gibt. Dass dieser Zustand in unserer Kultur existiert, bedeutet, dass Lieblosigkeit und Unterdrückung in familiären Umfeldern viel weiter verbreitet sind, als wir es wahrhaben wollen. Das menschliche Verhalten, das wir in der Öffentlichkeit zeigen, ist oftmals nur eine Anpassung an gängige Normen und spiegelt keine tiefere Verbundenheit mit empathisch erlebtem Leid und Schmerz. Und dies ist dann auch der tiefere Grund dafür, dass sich die Menschlichkeit in unseren Kulturen ganz schnell, wie eine Attrappe, auch wieder ablegen lässt.

Ein weiteres erschreckendes Beispiel für plötzlich hervortretende unterdrückte Aggressionen und den Verlust der Menschlichkeit zeigt sich in »Die Welle« von Morton Rhue.[120] Hier wird ein Unterrichtsversuch an dem Gymnasium von Palo Alto in Kalifornien im Jahr 1969 beschrieben. Der Lehrer Ron Jones wollte seine Schüler, allesamt aus der demokratisch gesinnten Mittelklasse stammend, erleben lassen, wie es damals in Nazi-Deutschland zuging: Aufspringen auf Befehl, unisono Brüllen, diszipliniertes Dasitzen und die Abhängigkeit von einer Führerfigur. Zu seinem Erstaunen bemerkte er bald, dass fast alle Schüler diszipliniert werden *wollten*, und dass das Gefühl, Teil eines Ganzen zu sein, das wichtiger ist als man selbst, bei den Schülern dazu führte, dass sie den Lehrer mehr mochten, wenn er alle Entscheidungen für sie traf.

Ein Schüler formulierte es folgendermaßen: »Man muss sich keine Gedanken mehr machen, ob man beliebt ist oder nicht. Wir sind alle gleich, wir sind alle Teil einer einzigen Gemeinschaft.« Zugleich fühlten sich alle erhaben, besser als die anderen Schüler der Schule, die mit ihren Lehrern kein solches Experiment durchführten. So stärkte sie ein Gefühl der Verachtung.[121]

Was wir hier sehen, sind junge Menschen, die bereit sind, ihre eigene Verantwortung abzugeben. Das kann nur passieren, wenn ein Mensch keine empathischen Fähigkeiten ausbilden konnte. Denn wenn Identität aus der Anpassung an Rollen und Autoritäten entsteht, dann ist Verantwortung immer nur die Frage danach, ob man gehorsam Befehle ausgeführt hat. Die Verbindung zu den eigenen Gefühlen führt dagegen zu einer Eigenständigkeit, die auch eine Verantwortung für das eigene Handeln mit sich bringt. Wenn jedoch die eigene empathische Fähigkeit zum Fremdkörper verkommen ist, kann sich eine solche innere Stärke nicht entwickeln. Unsere Kultur fördert allerdings eine Stärke, die sich an der Identifikation mit Männlichkeitsbildern ohne Mitgefühl orientiert. Dadurch wird Liebe selbst zu einer verzerrten Ideologie, da man Stärke sucht, die auf Rollenklischees basiert. Was aussieht wie eine Identität, besteht dann in Wirklichkeit aus Identifikationen mit Autoritätsmodellen, denen ein männlicher Heldenmythos angehängt wurde.

GEWALT HINTERLÄSST NICHT ZWANGSLÄUFIG SICHTBARE WUNDEN: SUBTILER TERRORISMUS

Das Alltägliche, das was uns bedroht, das sehen wir nicht, aber es ist überall da.[122] Umfangreiche Aufzeichnungen zu der verheerenden Erdölkatastrophe am 15. Juli 2010 im Golf von Mexiko zeigen, dass die Erdöl- und Gasindustrie so skrupellos und unverantwortlich handelt wie die Banken, die jahrelang als »too-big-to-fail« gefeiert wurden und schließlich doch die Finanzkrise des Jahres 2008 verursachten. Die Katastrophe von BP (British Petroleum) offenbarte dieselben Probleme, die auch den Finanzkollaps auslösten: allzu lockere Vorschriften der Regierung, Profit durch das Eingehen von Risiken und eine unterwürfige Presse.

Loren C. Steffys Buch[123] zeichnet den Aufstieg von John Brown nach, der von 1995 bis 2007 oberster Verwaltungschef von BP war. Ihm wird zugute gehalten, eine verschlafene und rückwärtsgewandte Firma in einen erstrangigen aggressiven

Moloch verwandelt zu haben. Brown, der Wirtschaftswissenschaften an der Stanford University studiert hatte, arbeitete während seiner prägenden Jahre vorwiegend für BP in den USA. Er befolgte für BP die typisch amerikanische Strategie: Vergrößerung der Firma durch die Übernahme anderer Unternehmen und Profitmaximierung durch Entlassung von Arbeitskräften. Während Browns ersten fünf Jahren als CEO wurde der Börsenwert der BP mehr als verdreifacht.

Doch dieses ungesund schnelle Wachstum hatte offensichtlich auch seinen Preis. Steffy stellt dar, dass die Profilierung von BP als »grüne Erdölgesellschaft« nichts anderes als eine gut durchdachte Marketing-Kampagne war, womit von grundsätzlichen Fehlern abgelenkt werden sollte. John Brown verkündete 1997, dass BP 20 Millionen Dollar für Solaranlagen und Forschung zum Thema Nachhaltigkeit investieren würde. Das Logo der Firma wurde geändert, und BP bedeutete neuerdings »Beyond Petroleum« (»Jenseits von Erdöl«). Die Presse beschrieb Brown und die Firma BP als Erdgasspezialisten »mit einem Gewissen«. Tatsächlich stellte sich jedoch heraus, dass Brown parallel große Risiken in anderen Bereichen in Kauf nahm, die Zahl der Ingenieure reduzierte und Unterhaltsarbeiten drastisch zurückfuhr – all dies, um die Gewinnmarge zu vergrößern.

2005 kam es zu einer Explosion in der Raffinerie von BP in Texas City; sie hatte sich wiederholten Sparmaßnahmen in ihrem Haushaltsbudget unterziehen müssen. 15 Arbeiter starben durch die Explosion, über 170 wurden verletzt. Der Betriebsleiter hatte verzweifelt versucht, die finanziellen Einschränkungen durch die Chefetage abzuwenden, da ihm bewusst war, dass die Raffinerie dadurch zur Gefahrenzone wurde. Bei der Sicherheitsevaluation dieses Standortes sprachen die Berater eine deutliche Warnung aus: »Wir haben noch nie einen Arbeitsplatz gesehen, an welchem die Gefahren für die Mitarbeiter zu sterben so unmittelbar präsent sind.«

Nach der Explosion wurde BP mit einer Zahlung von 21 Millionen Dollar bestraft, später mit 87 Millionen Dollar wegen Nichteinhaltung der vorgeschriebenen Sicherheitsmaßnahmen. Dies schmerzte den Ölriesen allerdings nicht sonderlich. Die Strafe wurde aus der Portokasse bezahlt, denn der Nettogewinn von BP übertraf in jenem Jahr 16 Millarden Dollar. Wie oft haben sich solche Vorkommnisse in zahlreichen Industriezweigen und der Bankenwelt wiederholt? Profit und Gier bestimmten die Handlungen und Maßnahmen, und nicht die emphatische Wahrnehmung der Bedürfnisse der Arbeitnehmer oder auch der Zustand der Bohrmaschinen, der einfach nicht beachtet wurde. Dieses Profitdenken bestimmt die Handlungsoptionen, die zu einem Dauerwachstum führen, vernachlässigt jedoch den Menschen.

Der Motor, der unser Verhalten bestimmt, ist ein andauernder Trieb nach dem Immer-Größer-Werden, nach dem endlosen Wachstum. Doch dieses unaufhörliche Streben nach Wachstum, ob im Sinne der Industrieproduktion oder gleichlaufend dazu im Sinne von Nationen oder immer größer werdenden Märkten, bringt uns mit den physikalischen und biologischen Grenzen der Erde in Kollision. Die globale Ökonomie verbraucht die Mittel der Erde um den Faktor 1,3 bis 1,5 mal mehr, als die Kapazität der Erde diese anhaltend zu liefern in der Lage ist.

Wir leben, als ob wir und die Natur ohne Beziehung zueinander wären. Der Fortschritt unserer Technologie vermittelt vielen den Eindruck, wir könnten unabhängig von der Natur sein. Dieser Eindruck genügt den Menschen, die ihr Mitgefühl nicht zulassen, aber nicht für den Teil der Bevölkerung, der damit im Einklang geblieben ist. Aber jene, die am weitesten von Empathie und Mitgefühl entfernt sind, sind auch diejenigen, die sich dem Streben nach Größe mit Leib und Seele verschreiben und deswegen an die Macht kommen. Die daraus resultierenden ungleichen Verteilungen zwischen den Menschen erzeugen nicht nur Ohnmacht, sondern auch gewaltige Wut.

Doch da sich die Unterdrückten mit den Unterdrückern identifizieren und sie deswegen nicht als solche erkennen, werden sie diese Wut nur gegen jene ausdrücken können, die die Wahrheit erkennen und verbreiten. Denn diese Wahrheit macht den Unterdrückten Angst. So bezahlen sie die Rechnung für die Fehlspekulationen der Banken und anderer Abenteurer, die die Kreditkrise kreierten, ertragen die ganze Situation und fördern zudem einen ›Sozialismus‹ für die Reichen, wie Joseph Stiglitz es deklarierte.[124] Doch vom eigentlichen Sozialismus halten sie nichts, obwohl er sie aus ihrer Misere retten könnte. Die Mächtigen waren leider schnell genug, ihnen einzuprägen, dass er schlecht für sie sei.

Und dennoch ist die Wut da und sie sucht Ziele, die es möglich machen, diese Wut ohne Gewissensbisse den Mächtigen gegenüber auszudrücken. Und diese Wut wird dauernd weiter genährt durch den Zustand eines inneren Unbehagens, das das verlorene Empathische auslöst, dessen Gründe dem Leidenden allerdings verschlossen sind. Wenn dann das Versprechen, durch Konsum an der Gesellschaft teilzunehmen, in Zeiten des wirtschaftlichen Zusammenbruchs nicht eingelöst werden kann, steigen Unbehagen, Unmut und Revolte auf. Aber die Revolte ist meistens zum Scheitern verurteilt, da sie blind ist. Blind, weil sie abgeschnitten ist von den eigentlichen Ursprüngen des inneren Unbehagens. Und so spalten sich die von diesem Unmut Betroffenen in zwei Richtungen. Da sind jene, die an die autoritären Mächte gebunden sind, sich aber gegen diejenigen richten, die etwas für sie tun wollen.

Ein Beispiel dazu finden wir in den USA, wo die republikanische Partei, angetrieben von den Extremisten der Tea-Party, Obamas Gesundheitsreform, die die Versorgung der breiten Bevölkerung verbessert, als sozialistisch und den Einzelnen unfrei machend verworfen hat. Die Revolte gegen die Gesundheitsreform unterstützt die Reichen, die für die Gemeinschaft keine finanzielle Unterstützung abgeben wollen. Das alles ist gegen das Interesse der Bevölkerungsmehrheit gerichtet. Obwohl sie profitieren würden, schlossen sich viele Ärmere der Protestbewegung an. Der Selbsthass und die Angst dieser Verlierer nahm zu und richtete sich in dieser gelenkten Revolte gegen sie selbst.

Gleichzeitig sind sie vom Jargon der Reichen und deren Status benommen. Doch anstatt etwas für sich selbst zu tun, führt diese politische Revolution nur zur Stärkung der Rechten. Die Verlierer haben keinen Zugang zu den Ursachen ihrer eigenen Not und halten die Freiheit, die zu ihren eigenen Rechten führen würde, für abscheulich. Die wirkliche Freiheit, wird ihnen gesagt, diene der Funktionstüchtigkeit der Marktwirtschaft und deren negative Folgen seien eben unangenehm, aber für kurze Zeit unvermeidlich.

Die zweite Gruppe sind im Wesentlichen Jugendliche, die sich als chancenlose Underdogs sehen und Autoritäten und Privilegierte zum Feind erkoren haben. Also randalieren sie ziellos durch die Straßen. Anfang Juli 2011 schrieb das »Wall Street Journal«, dass 94 Prozent der befragten Millionäre vor Gewalt und Krawallen in den Straßen Angst hätten.[125] Die Fassade der ›Großen‹ scheint zu bröckeln. Offensichtlich fürchten sie, andere Menschen könnten sich doch ungerecht behandelt fühlen und damit ihr Handeln selbst infrage stellen. Der englische Historiker Edward P. Thomson hat dies ähnlich in vielen seiner Arbeiten dargestellt.[126]

In vielen Ländern liegt die Jugendarbeitslosigkeit bei über

45 Prozent. Ein kleiner Funke genügte, um die Krawalle 2011 in England zu entzünden, weil Rezession und Kürzungen der Sozialleistungen die ohnehin schlechte Lebenssituation nicht verbesserten. Und da all dies angesichts der Skandale um Banker oder Politiker in Spesenaffären, die sich alle über das Gesetz hinwegsetzen, geschieht, verfestigt sich bei den Ohnmächtigen die Ansicht, es sei legitim ebenso gesetzlos zu sein und zu randalieren. Durch dieses Verhalten scheint es, als würden sie sich den Mächtigen nicht unterordnen und gegen sie rebellieren. Trotzdem haben gerade auch die Rebellen schon zu tief die Werte dieser vermeintlich bekämpften Kultur verinnerlicht, weil das Besitzen von Gütern – Uhren, Handys, Flachbildschirme, etc. – und nicht allein die Zerstörung sie motivierte.

Die Identifikation mit den Mächtigen und Unterdrückern ist besonders fest in den gesellschaftlichen Strukturen der USA verankert. In dieser Kultur herrscht der universale Glaube vor, dass mit Glück und harter Arbeit, jeder reich werden könne. Und wenn das dann geschafft wäre, so glaubt man, mache das Geld einen vormaligen Verlierer plötzlich zu einem wertvollen Bestandteil der Gesellschaft. The american way of life ist der Traum, vom Tellerwäscher zum Millionär werden zu können. Das Maß des Erfolgs ist Geld. Und Geld ist unabhängig von Geburt, Verhalten und Höflichkeit. Ungefähr 80 Prozent der Amerikaner sehen sich der Mittelklasse zugehörig, denn wer hart arbeitet, kann dazugehören. Dagegen zählen sich in England 57 Prozent zur Arbeiterklasse. Ganz objektiv betrachtet verhält sich die Verteilung von Einkommen und Reichtum in England und den USA jedoch sehr ähnlich.[127]

Beide Phänomene, die Krawalle in England und anderswo und die Stärkung extremistischer Parteien der Rechten, sind Reaktionen auf den alltäglichen Terrorismus, der uns umgibt.

Der andere Terrorismus, der uns ganz direkt und unmittelbar in Blut und Zerstörung stürzt, ist aber auch mit dem alltäglichen verbunden, denn ohne diesen würde jener nicht existieren. Der religiöse Fundamentalismus vieler Terrorismusbewegungen ist nur ein geistiges Alibi, das sich einer Religion bedient, um seine mörderischen Taten zu rechtfertigen. »Leute, die mittels Religion an die Macht kommen wollen und nur die Religion als Grundlage der Macht anerkennen, ob das nun Christen oder Muslime sind, sind Religionisten (also religiöse Fundamentalisten, Anm. A. G.),« sagte der somalische Schriftsteller Nuruddin Farah in einem Interview.[128] Damit unterstreicht er, dass der Hass, der diese Menschen beflügelt, nicht aus der Religion selbst kommt, sondern schon vorher da war. Die Religion ist Mittel zum Zweck, genauso wie Lenin die Ideale des Sozialismus missbrauchte, um die zahlreichen Ermordungen zu rechtfertigen.

Es ist interessant, dass die Führer terroristischer Organisationen, wie beispielsweise der späte Bin Laden, nicht aus unterprivilegierten Schichten stammen, sondern aus der Mittelklasse. In »Der Verlust des Mitgefühls« habe ich beschrieben, wie sich die russischen Terroristen aus der Mittelklasse im 19. Jahrhundert abstrakten Ideologien unterwarfen, um durch Terror die Leere ihres verletzten und abhandengekommenen Selbst zu füllen.[129] Sie wollten gegen Ungerechtigkeit kämpfen, genau wie die heutigen Terroristen, aber es ging nie um die Wiedergewinnung ihres verlorenen Selbst. Sie fühlten sich lebendig, genau wie heute, wenn sie mit dem Leben anderer Menschen spielten. Das Gefühl der Omnipotenz und das Verschmelzen mit einer Ideologie, die größer ist als sie selbst, lässt sie die Schwäche des eigenen Opferseins verneinen.

Hinter der Rebellion gegen die Mächtigen und deren Ungerechtigkeit steckt leider zu oft eine starke Identifikation mit der Macht. Erich Fromm schrieb, dass der Revolutionär sein Bündnis mit der Autorität und den Wunsch, andere zu beherrschen, überwinden muss, um wirklich zum Erneuerer zu werden.[130] Paulo Freire formulierte es noch ausdrücklicher: »Da die Unterdrückten das Bild des Unterdrückers internalisiert und seine Richtlinien akzeptiert haben, fürchten sie sich vor der Freiheit. Freiheit würde verlangen, dass sie dieses Bild aus sich vertreiben und es durch Autonomie und Verantwortung ersetzen.«[131] Das Problem ist, dass die Ideologie oder die Religion, unter deren Banner man kämpft, die tiefe Unterwerfung unter die Macht verschleiern. Der Terrorismus ist somit nur ein Umweg, sich jener Macht zu unterwerfen, die man bekämpfen sollte. Da aber der Feind immer eine Projektion der eigenen Unzulänglichkeit ist, befestigt jeglicher Terrorismus die Verinnerlichung des erlebten wirklichen Aggressors aus der Kindheit. Eine wirkliche Erneuerung einer Gesellschaft wird nur möglich, wenn Empathie die Basis bildet.

WIRKLICHKEIT UND EMPATHIE

Die Fähigkeit, empathisch die Welt zu erleben, ist die Fähigkeit, in der Wirklichkeit zu leben. Je mehr wir von der Empathie getrennt sind, desto weniger ist es möglich, im Leben zu stehen, die Bedürfnisse der Anderen und der uns umgebenden Welt wahrzunehmen und angemessen darauf einzugehen. Was die Empathie zerstört, nämlich die Nicht-Achtung der Bedürfnisse und Wahrnehmungen des Kindes, ist auch das, was die tiefsten Unsicherheiten entstehen lässt, die dazu führen, dass der Mensch anfängt, nach einer absoluten Sicherheit zu jagen, die das Urvertrauen, das wir als Neugeborene verlorenen haben, ersetzen soll.

Und dies wird zur Quelle eines Machtstrebens, einer Jagd nach Größe, Herrschaft und Besitz, um dem Albtraum unterzugehen oder zu versagen, zu entkommen. Wie schon eingangs erwähnt, ist das die Kastrationsangst, die Freud postulierte, die aber einen viel tieferen Ursprung hat als nur einen sexuellen Verlust. Das ist die grundsätzliche Motivation aller, die vom Empathischen getrennt sind. Es ist das, was zu den halluzinierten Mythen des Profits und des Groß-Seins führt, in deren Wahn die Welt zerstört wird.

All dies wird durch ein abstraktes Denken gefördert, das abgeschnitten von der empathischen Wahrnehmung unserer Welt dazu führt, dass die Logik des Denkens selbst zu einem Gefängnis wird. Weil sie vom empathischen Erleben abgeschnitten sind, fühlen sich diese Menschen unvollkommen in ihrem Dasein. Sie suchen etwas, sie wissen aber nicht was. Was kann dem Dasein einen Halt geben, wenn jede Art von Kompensation für die Leere immer noch nicht ausreicht? Man muss der Macht, dem Besitz oder der Größe immer entschiedener nachjagen – und so beginnt eine unendliche Jagd. Und dennoch kann das ursprüngliche Gefühl einer allumfassenden Sicherheit, das in der Einheit zwischen dem Fötus und seinem Umfeld im Uterus der Mutter existierte, nicht wieder hergestellt werden. Da diese Einheit durch empathische Wahrnehmungen zustande kam, die aber jetzt fehlen, kann nur ein Gefühl der Leere aufsteigen. Die Jagd nach Macht muss deswegen dauernd erneuert und verstärkt werden – und dies endet schließlich, wie bereits oben beschrieben, in der Destruktivität.

Da wir in dem Wertesystem gefangen sind, das den Machttrieb, den Trieb nach Größe und den Wettbewerb nicht nur verherrlicht, sondern sogar als lebensfördernd ansieht, können und wollen wir diese Destruktivität nicht wahrnehmen. Um uns zu rechtfertigen, teilen wir die Menschen in Katego-

rien ein, nach denen einige als stark, andere als schwach eingestuft werden können: So bewundern wir die Reichen und
verachten die Armen. Auf diese Weise werden Menschen
immer häufiger als minderwertig und unterlegen kategori-
siert. Diese Tendenz ist gefährlich: Sie frisst die Stabilität
einer Gesellschaft von innen auf! Menschen glauben, soziale
Unterschiede spiegelten Unterschiede in den Fähigkeiten.
Diese Unterschiede und eine daraus resultierende geringere
Einstufung – etwa durch das Einkommen –, werden als negative Faktoren bei einem Menschen ausgemacht, und man
meint zu wissen, dass er oder sie sich lediglich nicht genügend anstrenge, um erfolgreich zu sein. Vorurteile gegen
die, die tiefer auf der Statusleiter stehen, werden stärker, und
soziale Pathologien, die aus Benachteiligung entstehen (etwa
Kriminalität), vermehren sich.

Dieser Prozess der Selbstzerstörung wird immer gravie-
render, denn er führt dazu, dass auch der Rationalismus, also
das Denken selbst, zur Angriffsfläche gemacht wird. Das ist
die Struktur, die auch den Faschismus so gefährlich macht:
Der Verstand, der schon vom Empathischen getrennt ist,
wird durch ein Feuer des Hasses ersetzt, weil Menschen den
Rationalismus der politischen und demokratischen Werte als
platt und trivial erleben. Und so wird die Leidenschaft des
Hasses zum Ersatz des demokratischen Rationalismus, weil
aus seinen Wahrheiten keine Flammen schießen. Populisten
werden zu Führern erkoren, weil sie diesen Hass erlauben,
ja, ihn gebrauchen, um Macht zu erlangen. Zugleich bleiben
die Verteidiger der Demokratie, wenn sie nur vom Abstrakten
her bestimmt sind und argumentieren, hilflos, weil sie die
Not der Gedemütigten und Verarmten nicht emotional erkennen und aufgreifen können.

Die demokratische Perspektive wird ohne Solidarität, Empathie, Kooperation und gegenseitige Anerkennung der emo-

tionalen Lage unmöglich sein. Menschen, die sich nicht als Subjekt eigenen Handelns begreifen können, die sich als fremdgesteuert, unterdrückt und schwach erfahren, ohne dies zugeben zu können, sind immer für die Verlockungen der Identifikation mit scheinbar starken Männern oder Frauen anfällig. Das Bewusstsein der eigenen Verletzlichkeit würde den Blick auf die Verletzlichkeit des anderen öffnen. Aber ohne Zugang zur Empathie sind dieses Bewusstsein und entsprechendes Handeln nicht möglich.

Und so sind die demokratischen und politisch links gerichteten Denker und Politiker, die Probleme intellektuell lösen wollen, oft nicht in der Lage, den faschistischen Kräften entgegenzutreten. Die liberalen und linken Kräfte können die Ängste der Gedemütigten und Unterdrückten nur durch soziologische Abstraktionen erklären und reagieren nicht auf den aus Angst resultierenden Hass. Und indem Macht und Autorität als Gegenmittel zur unterschwelligen Unsicherheit gefördert werden, merken die Menschen nicht, dass es genau diese Mittel sind, welche der Faschismus als Identifikationsmöglichkeit offeriert.

Unsere Kultur kreiert eine psychische Ökonomie, eine Politik des Unbewussten, die hinter der Maske von Status und Größe ein beschädigtes Subjekt, den leidensunfähigen Menschen, verbirgt. Betroffene können nur ihre eigene Deformation auf andere nach außen projizieren, statt sich dem schmerzhaften Erkennen und Erleben der eigenen Beschädigung zu stellen. So sind wir nicht in der Lage, unsere wirtschaftlichen Probleme zu bewältigen, weil unsere Sicht darauf uns unsere eigene Beschädigung würde erkennen lassen. Doch davor scheuen wir uns. Wir sind blind, verschließen uns vor der Realität und glauben dennoch, in ihr zu leben.

Eines ist dabei scheinbar unbestreitbar: der technische Fortschritt unserer Zeit. Fortschritt gibt es in den Wissenschaften, in der Medizin, Physik etc. Aber den Preis dafür, den Verlust unserer Menschlichkeit, rechnen wir dabei nicht mit ein. In der Wirtschaft sind wir eigentlich nicht von der Güterproduktion abhängig, sondern von abstrakten Formeln, die darauf bauen, Geld zu multiplizieren. Und diese Finanzrechnerei hat keinen Bezug zu der Realität. Nur der Profit um seiner selbst willen zählt noch. Das führt dann zu wirtschaftlichen Rezessionen, die davon abhängig sind, wie Menschen mit Geld spielen. Und fast niemand, der in diese Vorgänge involviert ist, stellt sich den eigentlichen Ursachen. So bleiben wir in einem sich wiederholenden Kreislauf von Zusammenbrüchen stecken. Können wir technischen Fortschritt ohne Verlust unserer Empathie erreichen, wenn dieser Fortschritt genau durch die Auswirkungen der Prozesse, die die Empathie unterdrücken, angekurbelt wird?

Oder müssen wir innerhalb des Begriffes »Fortschritt« zwischen den Menschen differenzieren, die nach ihm streben und sich für die Vorgänge interessieren, und jenen, die nur etwas ›Neues‹ schaffen, um die Leiter des Erfolgs weiter nach oben zu erklimmen? Albert Einstein ist ein Beispiel für erstere, denen es um das Verständnis geht, weil er immer tiefer in das Verständnis für die physikalische Wirklichkeit eintauchte. Der Erfolg stand für ihn nicht im Vordergrund. Es ging ihm darum, die Geheimnisse der physikalischen Wirklichkeit zu entschlüsseln und zu verstehen. Dass er schließlich damit Erfolg hatte und zu einem der anerkanntesten Wissenschaftler des vergangenen Jahrtausends wurde, ging also aus seinem Interesse an dem Verstehen der Natur hervor.

Die Anderen, wie sie so klar von Charles W. Mills in seinem »The sociological Imagination«[132] beschrieben werden, sind Menschen, die die Technik dazu benutzen, um auf der Erfolgsleiter immer weiter aufzusteigen. Ihr Interesse liegt nicht in der Materie selbst, sondern im Streben nach Anerkennung, Statussteigerung und Belohnung.

In den letzten Jahren zeichnet sich auch in den biologischen Wissenschaften, vor allem in der Neurologie und der Genetik, die Tendenz ab, dass Wissenschaftler sich primär darum bemühen, gängigen Formeln und Konventionen zu entsprechen. Nicht mehr derjenige, der am fortschrittlichsten denkt, wird erfolgreich. Die Hauptcharakteristik des heutigen Intellektuellen scheint die »Angst für sich selbst zu denken« zu sein.[133] Anpassung – obwohl das immer wieder bestritten wird – ist das Motto. Gleichzeitig wird die Grundlage für moralisches Verhalten immer mehr auf biologische Strukturen zurückgeführt. Dadurch muss man keine Verantwortung für sein eigenes Handeln übernehmen.

Während der englische Philosoph David Hume zu Beginn der Aufklärung noch den Ursprung der Moral den Gefühlen zusprach[134], ist seit Immanuel Kant generell die Annahme weit verbreitet, moralische Urteile seien eine Leistung des rationalen Denkens, moralische Urteile müssten also kognitive Leistungen sein, die auf den Strukturen des Gehirns basieren.[135]

Die Art von Motivationen, die dann aber für Intellektuelle noch zugelassen werden, laufen parallel zu den gängigen Normen der Geschäftswelt. Gute Kooperation und menschlicher Altruismus sind nur noch eine Funktion, den Profit zu maximieren und den Wettbewerb zu steigern.[136] Ein Mitarbeiter am größten Teilchenbeschleuniger in CERN brachte es einmal auf den Punkt:

> »Da gibt es unter uns den zivilisierten Umgang miteinander, und dann ist da noch die andere Art: ›Ich bin besser als Du und ich werde Dich umbringen‹.«[137]

Eine andere Perspektive zeigt uns Eric Kandel, der 2000 den Nobelpreis für seine Arbeiten über die Entschlüsselung molekularer Prozesse im Gehirn erhielt, die dem menschlichen Gedächtnis zugrunde liegen. Er hatte untersucht, wie geistige Vorgänge biologische Veränderungen erzeugen, und wies nach, dass Lernen neuronale Schaltkreise verändert und Wissen eine anatomische Veränderung im Gehirn bewirkt: »Wir sind, wer wir sind, aufgrund dessen, was wir lernen und woran wir uns erinnern.«[138]

Dennoch glauben Intellektuelle, eben im Gegensatz auch zu der oben zitierten Feststellung von Czesław Miłosz über sie, aus freiem Willen zu denken und damit autonom zu sein. Sie haben kein Bewusstsein für das, worüber Friedrich Dürrenmatt zur Verleihung des Gottlieb-Duttweiler-Preises an Václav Havel 1990 sprach.[139] Er stellte metaphorisch die Schweiz als ein Gefängnis dar, in dem die Insassen gleichzeitig ihre eigenen Wärter sind. In der Rede zitiert er Havels 1978 verfasstes Essay »Versuch in der Wahrheit zu leben«[140]:

> »Es sieht nicht so aus, als ob die traditionellen Demokratien ein Rezept zu bieten hätten, wie man sich grundsätzlich der Eigenbewegung der technischen Zivilisation, der Industrie- und Konsumgesellschaft widersetzen könnte. Auch sie befinden sich in ihrem Schlepptau und sind ihr gegenüber ratlos. Nur ist die Art, wie sie den Menschen manipulieren, unendlich feiner und raffinierter als die brutale Art des posttotalitären Systems.«

Lukas Bärfuss schreibt 2010 dazu, dass es doch erstaunlich sei, wie sehr Havel das allgegenwärtige Diktat des Konsums beklage, aber wie wenig er diese Entwicklung wirklich in seinen Arbeiten und seiner politischen Praxis infrage stelle. Es ist, als ob es eine Übereinstimmung gäbe, die jeder gesellschaftliche Akteur, einschließlich auch Havel, akzeptieren müsste: »... das Einverständnis, dass gewisse Entwicklungen ohne Alternativen seien.«[141]

Hier sehen wir, dass Intellektuelle ebenso gefangen sind, weil sie, trotz emotionalen Erkenntnissen, die auf empathischen Wahrnehmungen beruhen, dem abstrakten Denken so sehr ergeben sind, dass sie nicht wirklich autonom denken können. Sie sind im Kognitiven gefangen und haben die Freiheit des eigenen Denkens verlernt, weil sie sich an die allgemeine Kultur anpassen mussten, um an ihr teilnehmen zu können. Und wie das Beispiel von Václav Havel zeigt, kann man scheinbar Kritik ausüben und sich trotzdem anpassen, und so die eigene Freiheit sabotieren. Dürrenmatt meinte genau das, als er sagte, dass wir unsere eigenen Gefängniswärter seien. Man benötigt Zuspruch, Billigung, die Zustimmung anderer, die ja selbst auch gefangen sind, um erfolgreich sein zu können. Die eigenen empathischen Wahrnehmungen machen dabei nur Angst, wenn sie dem allgemeinen Konsens widersprechen. Und so, schreibt Bärfuss,

> »ist die Globalisierung ohne Alternative, weil die freie Marktwirtschaft ohne Alternative ist. Und deshalb ist die Rettung der maroden Banken ohne Alternative. Und daraus folgt dann unter anderem: Der 50-Milliarden-Kredit zur Rettung der UBS ist ohne Alternative. Aber was ohne Alternative ist, bedarf auch keiner Diskussion. Aber wo bleibt dann unsere Freiheit? Oder ist diese Frage unanständig? Steht denn nicht in der Präambel der (Schweizer) Bundesverfassung, dass nur frei sei, wer seine Freiheit auch nutze?«

> »Freiheit, so wie sie heute definiert wird, ist selten ein Instrument der praktischen Vernunft, sie ist keine Befähigung zum Handeln. Sie gleicht einem quasi-religiösen Prinzip, einem Ideal, das durch sich selbst gut ist, nicht durch die Folgen, die wir damit realisieren. Sie rechtfertigt die Umweltschäden, die die moderne Wirtschaft verursacht, und dient als moralische Begründung für den verbogenen Menschen.«[142]

Das ist der Common Sense, auch wenn es nur selten deutlich so formuliert wird:

> »Wenn wir ... dem ›Chaos‹ (damit ist die freie Marktwirtschaft gemeint) mit Einzelmaßnahmen begegnen, wenn wir es überwinden und beherrschen wollen, begeben wir uns in einen Teufelskreis des Interventionismus und des Machens. Wir beschädigen die Funktionstüchtigkeit der Marktwirtschaft, ohne ihre unvermeidbare Volatilität, die konjunkturellen Einbrüche und Umbrüche, die Arbeitslosigkeit, die Preisausschläge, die Spekulation und vieles mehr auch nur annähernd in den Griff zu bekommen.«

Die Ausführungen von Lukas Bärfuss passen hier als Kommentar:

> »Freiheit hieße dann folglich, nicht zu handeln und das würde der Funktionstüchtigkeit der Marktwirtschaft dienen. Die negativen Folgen dieser unantastbaren Marktwirtschaft sind unangenehm, aber offenbar unvermeidlich. Aber was meint man genau, wenn man ›unvermeidbare Volatilität‹ sagt und damit vom unvermeidbaren Schwankungsbereich von Wertpapierkursen, Rohstoffpreisen oder Zinssätzen spricht, was meint man mit ›vieles mehr‹? Meint man damit die Ausbeutung des Ostkongos, meint man damit die zwei Millionen Toten, die dort in den letzten Jahren im Zuge der Ausbeutung von Rohstoffen geopfert wurden und immer noch werden – und zwar, weil niemand die Funktionstüchtigkeit der freien Marktwirtschaft gefährden will? Oder ist die Umweltkatastrophe im Golf von Mexiko eine solche Unvermeidbarkeit? Meint man mit ›unvermeidbare Volatilität‹ auch den Beinahe-Kollaps Griechenlands und Irlands – oder ist das doch nur eine Folge davon, dass niemand bereit war, den befreiten transnationalen Geldströmen Dämme zu bauen?«[143]

Und wie lassen sich die Krawalle und Zerstörungen in England anders erklären, als dadurch, dass Menschen in einem System, das die Bedürfnisse des Menschen nicht wahrnimmt, ihre Bedeutung verlieren und ein aggressives Verhalten die einzige Antwort darauf ist. Warum sollen wir Arbeitslosigkeit als notwendigen Effekt einer Wirtschaft hinnehmen, die nicht das Menschliche für bedeutsam hält, sondern nur Profit und Gier als moralische Grundlage unseres Seins? Um was genau geht es hier, um Macht oder Liebe? Wenn wir glauben, dass keine Alternativen zum Profit, zur Ausbeutung, zum Wachstum existieren, entziehen wir uns der Verantwortung für das Leiden, dem wir täglich ausgesetzt werden, also Krieg, Terrorismus, Hass und Zerstörung.

Es wird behauptet, Veränderungen seien unmöglich, weil die Systeme, unter denen wir leben, zu komplex geworden seien. Etwas daran ändern zu wollen, hieße alles zu zerstören. Die einzige wirkliche Alternative sei der Kommunismus gewesen, und der habe sich selbst ruiniert. Es stimmt schon, dass der ›reale‹ Kommunismus sich selbst zerstörte. Aber was hatte dieser Kommunismus schon groß mit den menschlichen Idealen, mit Gerechtigkeit, Menschenwürde und Freiheit zu tun? In Wirklichkeit war dieser »reale« Kommunismus für eine bestimmte Gruppe von Menschen ein Mittel, um bestimmte Machtziele zu verwirklichen.

Emma Goldman, Rosa Luxemburg, Paul Levi, Karl Liebknecht, sie alle kritisierten, was in der Sowjetunion unter Lenin vor sich ging. Emma Goldmann, eine amerikanische Anarchistin, sagte Lenin ganz klar, dass viele der Menschen, die durch die Revolution an die Macht kamen, Verbrecher waren.[144] Im Grunde war die politische Elite dieses Systems von denselben Charaktereigenschaften beflügelt wie ihre kapitalistischen Gegner. Die wahren menschlichen Ideale existierten für sie nicht, man missbrauchte sie. Der Niedergang des Kommunismus war im Grunde der Niedergang einer unmenschlich handelnden Machtgruppe, die den Machthabern in den westlichen Demokratien sehr stark ähnelte.

So ist die wirkliche Alternative zur jetzigen Struktur, ein dem Menschen gerechter Staat, nie ernsthaft ausprobiert worden, außer in den sogenannten primitiven Gesellschaften, wie es der Anthropologe Stanley Diamond klar beschreibt.[145] Das Problem der modernen Demokratien ist deshalb auch nicht ihre Komplexität, sondern das, was Lukas Bärfuss folgendermaßen auf den Punkt bringt:

>»Die Motive der Ausbeutung sind nicht kompliziert. Gier ist nicht kompliziert, Verschwendung ist nicht kompliziert, Gleichgültigkeit ist nicht kompliziert. Mord und Vertreibung sind nicht kompliziert. Im Gegenteil, sie bezeichnen die größtmögliche Vereinfachung der menschlichen Existenz – die Reduktion auf Gewinn und Verlust .... Kompliziert ist alleine die Verwirrung, in die uns diese Mitverantwortung (z. B. das Morden im Kongo) führt. Kompliziert ist, dass wir einsehen, wie ungerecht der Wohlstand verteilt ist und dass wir gleichzeitig kaum bereit sind, etwas daran zu ändern. Kompliziert ist, dass wir unsere eigene Verantwortung abschieben auf ein System. Kompliziert ist, dass wir glauben, Freiheit besitzen zu können. .... Wir brauchen mehr von dem Bewusstsein, dass meine augenblickliche Freiheit nur das Gefängnis beschreibt, dem ich nicht entflohen bin. Denn frei können wir nicht sein, aber wir können uns befreien.«[146]

Das heißt, solange wir unser Mitgefühl unterdrücken, können wir nicht frei werden, um zu unserem Menschsein zu stehen. Die Anhäufung von Reichtum, Macht und Besitz wird zum Selbstzweck, sie sind ein Zeichen für die Angst vor der Ohnmacht eines Menschen, der seine empathischen Wurzeln verloren hat. Das Streben nach Sicherheit durch diese kompensatorischen Triebe stellt eine Reaktion auf diese Entfremdung von sich selbst dar. Die Manipulation von Menschen durch abstrakte Ideen und das Anhäufen von Reichtum treten an die Stelle der Angst vor der Ohnmacht desjenigen Menschen, der seine Wurzeln verloren hat. Sie sind eine

Reaktion von Menschen, die von sich selbst entfremdet sind und Sicherheit durch diese kompensatorischen Verhaltensweisen suchen. Wir nennen diesen Vorgang und das daraus resultierende Verhalten Zivilisation. Das Menschenbild, das dahinter steht, ist eines, das den Menschen zum Objekt macht und das von den Gesetzen des Profits, des Wettbewerbs, des Herrschens und des Klassendenkens kontrolliert wird. Das führt dazu, dass Menschen, wie Rousseau es schon bemerkte, in unserer Zivilisation immer in Referenz zur Meinung anderer über sie leben.

Die Krawalle in England, wie auch andere gewalttätige Ereignisse, zeugen von den eingebauten selbstzerstörerischen Kräften, die diese Zivilisationen hervorrufen: Sie zeigen sich in der Ohnmacht derjenigen, die als überflüssig, machtlos und unsichtbar von der Gesellschaft ausgeschlossen werden. Martin Luther King sprach treffend davon, dass »Unruhen die Stimme des Ohnmächtigen sind«[147]. Deshalb ist es ein Zeichen von falschem Verständnis, wenn man behauptet, dass Randalierer außerhalb der Gesellschaft stünden, denn sie sind ja ein Produkt der Gesellschaft. Eine Regierung hat die Pflicht, für sozialen Frieden zu sorgen. Wenn sie das versäumt und wenn sie zum sozialen Unfrieden beiträgt, indem sie bei sozialen Diensten kürzt oder die medizinische Versorgung verkommen lässt, zugleich aber Bankiers, Spekulanten und andere Vermögende unterstützt, dann fühlen Menschen sich ungerecht behandelt. Widerstand durch Randalieren ist aber nur eine Mob-Reaktion und unberechenbar deswegen, weil sie in der Regel lediglich Destruktivität – und damit die Werte dieser Gesellschaft: Macht, Besitz von Dingen, Egoismus – spiegelt.

Ein Mob ist ein Phänomen der Zivilisation, eine Zusammenrottung vereinzelter Individuen, die sich in einer wütenden Tätigkeit verlieren und zugleich eine anonyme Einheit suchen. Er stellt ein Kollektiv dar, in dem die unterdrückten Gefühle, ohne Maß und Form, ohne Gleichgewicht oder Verantwortung nach außen explodieren.[148] Dieses Kollektiv kann keine Gemeinschaft sein, nur weil es das Heuchlerische dieser Zivilisation, die es ja als unwert und überflüssig klassifiziert, als lügnerisch anklagt.

Eine Gemeinschaft von Individuen sieht anders aus. Sie existiert bei den ›primitiven‹ Gruppen. Hier setzt sich der individuelle Stil durch[149]:

> »Jeder, der jemals einen zeremoniellen Tanz in Afrika miterlebt hat, wird zustimmen, dass das persönliche Selbstwert- und Machtgefühl beim Individuum durch den gemeinschaftlichen Charakter des Ereignisses unermesslich erhöht wird. Es hat den Anschein, als ob die Person einer Energie Ausdruck gäbe, die über die eigene hinausreiche. Dennoch sind die Körperbewegungen, die Gesichtsausdrücke, häufig sogar die Tanzschritte von Person zu Person verschieden – der individuelle Stil setzt sich durch. Eine derartige organische Gruppe ist das genaue Gegenteil des Mobs ...«[150]

Die primitive Gruppe ist eine Gemeinschaft, sie ist kein Kollektiv, das sich auf spezielle Ziele ausrichtet, wie es in der Zivilisation auftritt. Kollektive erzeugen ein Gefühl des Aufgezwungen-Seins von außen und entfremden deswegen die Menschen. Das Kollektiv muss keine bewusste Struktur haben wie in der kommunistischen kollektiven Landwirtschaft. Es kann in verschiedenster Zusammensetzung in einer globalen Ökonomie erzeugt werden, in der die Fähigkeit der Bewohner, an ihrem Status und Einkommen festzuhalten, abhängig von ihrem Willen ist, ihr Leben nach den Bedürfnissen ihres Arbeitgebers zu gestalten. Und das Kollektiv ist eine Form, die für Loyalität von Gruppierungen sorgt und die eine Wall Street oder jegliche andere finanzielle oder industrielle Organisation möglich macht.

GRÖSSE ALS ABSOLUTER GLAUBE –
DIE RELIGION DES PROFITS

Was ist ein großer Mann, was ist eine große Frau?

> »Wenn wir die Geschichte Revue passieren lassen, fällt es uns
> schwer, nicht in Verzweiflung zu verfallen angesichts der end-
> losen Grausamkeiten, die menschliche Wesen – ob groß oder
> nicht – anderen zugefügt haben, welche schwächer waren als sie
> selbst ... Der ›Große Mann‹ kann nur durch die aktive Unter-
> stützung oder das Stillhalten derer, die ihn zu seiner ›Größe‹
> emporgehievt haben oder durch ihren Gehorsam dort belassen,
> seine herausgehobene Stellung behaupten.«[151]

Was ist also Größe? Es ist im Grunde ein Begriff, der ver-
schleiert, um was es eigentlich geht, nämlich das Ausmaß
von Entfremdung und Nicht-Identität, die das Bewusstsein
der so hoch gehaltenen Zivilisationen prägen. Der Verlust
des Inneren, der empathischen Wahrnehmung, führt dazu,
dass wir Größe als Kompensation für diesen verlorenen Teil
suchen.

Und Größe heißt, wie Eugene O'Neill es so klar darstellte,
etwas außerhalb des eigenen leeren Selbst zu besitzen, um
auf diese Weise in den vermeintlichen Besitz der verlorenen
Seele zu kommen. Es ist das Defizit, das aus der Entwertung
des Mitgefühls entsteht, und das man durch die nie enden-
den Versuche des Besitzes von äußeren Objekten zu füllen
trachtet.

Das Streben nach persönlicher Größe hat eine lange Geschichte und ist eng mit der Entwicklung der Zivilisationen
verflochten. Ein gutes Beispiel ist Alexander der Große. Warum trägt er den Beinamen »der Große«? Weil er seine Welt
zivilisierte, indem er dem Osten hellenistische Werte auf-

zwang, wie es Oliver Stone in seinem Film »Alexander« als eine visionäre Tat darstellte.[152]

Für Historiker wie Philip Freeman[153] war er der größte militärische Denker aller Zeiten. Und dennoch: »Den größten Teil seines Lebens verbrachte er im Grunde mit Töten oder damit, Befehle zum Töten zu erteilen – Töten war wohl das Beste, was er konnte.« (Übers. A. G.)[154] In Ciceros »Über den Staat« (De re publica) wird eine Anekdote über einen Piraten geschildert, der gefangen genommen und vor Alexander gebracht wurde. Dieser fragte, aus welchem Grund er Pirat geworden sei, worauf der Gefragte erwiderte: »Der gleiche, mit dem du den Erdkreis (terrorisierst).«[155]

Ian Worthington zeichnete Alexanders Trieb zum Größenwahn folgendermaßen nach: »Alexander wollte seinen Vater mit allen Mitteln übertrumpfen und hatte deshalb den Drang, seinen Eroberungsfeldzug bis nach Pakistan auszuweiten ... In den letzten Jahren seiner Herrschaft hatte sein Vater ihn wohl doch allzu sehr an den Rand gedrängt.«[156]

Das würde heißen, dass hier wieder ein vom Machttrieb verfolgter Charakter vorliegt, der durch seine Taten einen inneren Verlust kompensiert. Man braucht kaum darauf hinzuweisen, dass die Unterschiede zu heute marginal sind.

Neben den rein militärischen Trieben des Eroberns, die heute immer noch vorkommen, haben wir zudem und mehr denn je, eine Verlagerung dieser Triebe auf eine abstrakte Ebene: das stetige Wachstum von Macht auf der Basis von finanziellem Profit. Hier werden Eroberungen gemacht, die mit finanzieller Größe zu tun haben und keines direkten Blutvergießens bedürfen. Gänzlich verloren gegangen ist dabei der Zusammenhang zur Realität dessen, was Profit bewirkt. Imperien werden aufgebaut und riesige industrielle Konglomerate geschaffen, die ohne Bezug zu den Vorgängen der Produktrealität sind. Größe hat heute mit der Anhäufung von Profit zu tun und nicht mit der tatsächlichen Herstellung von Produkten, die zum Wohlstand einer Nation führen sollen. Investieren hat heute nichts mehr mit den produzierten Gütern zu tun, sondern mit Krediten, Aufkäufen und Finanzspekulationen.

In unserer heutigen Welt ist alles darauf ausgerichtet, die Reichen darin zu unterstützen, ihr Geld, anstatt in längerfristige Investitionen, in Produkte, also in Finanzinstrumente zu pumpen. Die Gründe dafür sind darin zu finden, dass Zinsen den größeren Profit abwerfen im Gegensatz zu dem Gewinn, der aus Handel und Produktion entsteht. Es wurden Finanzoperationen entwickelt, bei denen das Geld selbst zur realen Größe wird, und nicht die durch Investition produzierten Güter. Wachstum wird so zu einer eigenständigen Realität, völlig außerhalb der eigentlichen Bedürfnisse der Gesellschaft. Wachstum heißt nun Gewinn um seiner selbst willen, ohne Bezug der Finanztransaktionen zu wahren ökonomischen Bedürfnissen.

Zwei verschiedene Welten sind so entstanden, in denen wir gleichermaßen leben müssen: Einmal in der Welt des Profits, abgespalten von menschlichen Bedürfnissen nach Nahrung, Wärme, Liebe und persönlichem Kontakt, der zu Nähe führt; und in der Welt, welche die Erfüllung dieser in der anderen Welt vernachlässigten menschlichen Bedürfnisse beinhaltet. Die Sphäre des Profits basiert auf Ideen, die abstraktem Denken verpflichtet sind. Das daraus entstandene Bewusstsein unterscheidet sich völlig von demjenigen, welches sich um Empathie und die Verbundenheit menschlicher Wesen untereinander dreht, die Bedürfnisse der anderen anerkennt und die Sehnsucht des Individuums nach Wärme und Liebe sich zu eigen macht.

DIE SPALTUNG DES BEWUSSTSEINS:
ABSTRAKT-KOGNITIV VERSUS EMPATHISCH

Die Architektur des Bewusstseins ist nicht nur vernachlässigt worden, sie hat sich vor allem dazu entwickelt, von dem Grundgedanken des Feindlichen beherrscht zu sein. Alle anderen Bewusstseinszustände werden deshalb als naiv eingestuft und sind für das Nachdenken, das darüber hinaus greift, wertlos. Feinddenken jedoch basiert auf den frühesten Verhaltensmustern, die ausgelöst werden, wenn ein Säugling von Reizüberflutungen überwältigt wird. Er muss sich dann von seiner Umwelt zurückziehen, kann seine existenzielle Menschlichkeit nicht aufbauen, ja, dies läuft darauf hinaus, dass er seine Menschlichkeit, lange bevor er sie hat, bereits wieder verliert.

Die großen Dichter haben dies schon immer gewusst. So sagte beispielsweise der amerikanische Dichter Gary Snyder:

> »Es gibt einen Geisteszustand, der von dem rein ekstatischen unterschieden werden muss, in welchem die unmittelbarsten und persönlichsten Wahrnehmungen mit den archetypischen und rituellen Beziehungen der menschlichen Gesellschaft zum Weltall verschmelzen. Dichtung, die daraus gemacht ist, ist nicht ›automatisch‹, sie ist jedoch häufig mühelos, und sie schließt das Vergnügen eines gelegentlichen geistigen Einfallsreichtums und der Anspielungen nicht aus. Meine besten Gedichte fließen aus einem solchen Zustand ...«[157]

Die Architektur des Bewusstseins, die aus einem solchen Zustand entsteht, basiert auf Annäherung und nicht auf Rückzug. Sie gründet auf Zuwendung zu anderen Menschen, auf einem unmittelbaren und weit verzweigten Gefühl für die Person und ihre Menschlichkeit, und eben nicht auf Rückzug und Feinddenken.

Viele Anthropologen haben das Denken und Fühlen von Völkern beschrieben, die von unserer Zivilisation unberührt bleiben konnten. Sie berücksichtigten jedoch die grundsätzlichen Unterschiede im Bewusstsein nicht, die durchaus vorkommen und die zum wachsenden oder verendenden Aufbau der Empathie führen. Diamond und Sorensen kommen dieser Erkenntnis als eine der wenigen nahe. Sorensen beobachtete auch den Zusammenprall der beiden Bewusstseinsformen – empathiefähig, nicht empathiefähig – und ihre Unvereinbarkeit.[158]

Auf der Basis seiner jahrelangen Studien beschreibt er das Bewusstsein der sogenannten Primitiven, also von Völkern, die von unserer Zivilisation unberührt sind. Annäherung, Hinwendung und ein integriertes Vertrauen sind die wichtigsten Säulen, worauf das Bewusstsein dieser Menschen aufbaut. Dies beginnt schon bei der Kinder- und Säuglingspflege, in der ein Kleinkind in andauerndem Körperkontakt mit der Mutter oder ihren Freunden bleibt. Die Babys reagieren auf diese empathisch-taktile Stimulation mit eigenen taktilen Antworten. Sie müssen nicht schreien oder wimmern, um mit ihrer Umwelt zu interagieren. Vielmehr entsteht auf diese Weise eine hochentwickelte präverbale Kommunikation, eine Art der Bewusstheit, wie wir sie gar nicht kennen.

Unter diesen Umständen tritt auch keine Geschwisterrivalität auf: »Wenn Nahrung, Komfort und Stimulation dauernd vorhanden sind, müssen die Kleinkinder nicht hilflos warten, bis ihre Bedürfnisse erfüllt werden,« so Sorenson dazu. Kein emotionales Bedürfnis, das sich für seine Befriedigung auf abstrakte Erwartungen der Eltern fokussieren muss, entwickelt sich. Das Bewusstsein, das sich hier entwickelt, unterscheidet sich von unserem verengten Zivilisationsbewusstsein ganz grundsätzlich. Abstrakte Erwartungen, die bei uns dafür sorgen, dass die Bewusstseinsentwicklung auseinanderklafft und die Totalität einer ganz anderen Stimulussituation von Geburt an, sind dafür verantwortlich. Ein Säugling macht bei uns ›enge‹ Lernerfahrungen, die stark mit der Totalität der Stimuluswerte verknüpft sind, die in dem Beziehungsgefüge zwischen dem Säugling und seiner Umwelt herrschen.

Um die Welt empathisch zu erproben, muss es dem Säugling möglich sein, sich seiner Umwelt zuzuwenden. Nur wenn seine Beziehung zur stimulierenden Umwelt durch niedrige Intensitätswerte gekennzeichnet ist, kann dies geschehen. Schneirla zeigte, dass eine zweigabelige organische Basis für die emotionelle Sinnesstimulation schon bei der Geburt existiert.[159] Niedrige Stimulusintensitäten lösen Reaktionen der Annäherung aus; hohe bewirken dagegen das Zurückziehen. Die niedrigen Stimuli fördern die Entwicklung der empathischen Vorgänge, vorausgesetzt Säugling und Mutter wenden sich in voller Empathie einander zu. Das entgegenkommende Verhalten der Mutter garantiert dem Kind, dass es nicht von einem Übermaß an Stimulation überwältigt wird.

In einer Studie zur Reizverminderung wies J. L. Fuller nach: Ein Lebewesen kann nichts lernen, wenn es störende Elemente nicht ausblenden und sich folglich nicht auf die essentiellen Bestandteile einer Stimulussituation konzentrieren kann.[160] Eine Mutter, die ihr Kind intuitiv vor Reizüberflutung beschützt, legt so in ihm den Grundstock, aus seinem eigenen Selbst heraus lernen zu können. Das Eigene bedeutet hier immer die empathische Wahrnehmung. Diese verschwindet jedoch, wenn sich das Kind durch eine andauernde Reizüberflutung hilflos fühlt. Wird es mit Stimulusintensitäten überhäuft, ist es zum Rückzug gezwungen.

Dieser frühe Impuls zum Rückzug bewirkt eine Bewusstseinsentwicklung, die vom Feinddenken geprägt ist und das Empathische unterdrückt. Die organische strukturelle Grundlage dafür wurde von Weaver[161] und Welch[162] sehr klar belegt. Weaver und seine Mitarbeiter zeigten, dass das Stress-Reaktions-Gen NGF1-7A nicht ausgeschüttet werden kann, wenn die mütterliche Zuwendung ungenügend ist. Martha Welch wies nach, dass das Anti-Stress-Neuropeptid Secretin ebenfalls nicht ausgeschüttet wird, wenn ein Kind keine mütterliche Zuwendung erhält. Wut, Hilflosigkeit und verhinderte oder unterdrückte empathische Entwicklung sind das Resultat.

Das Bewusstsein des Kindes wird dann von Erfahrungen beherrscht, in denen es sich hilflos gefühlt hat. In der Folge zweifeln Kinder an sich selbst, beginnen die Suche nach dem Verlorenen, oder sie verdrängen ihre Hilflosigkeit und spalten ihr Ausgeliefertsein vom Bewusstsein ab. Das heißt dann, dass alles, was im Zustand der Hilflosigkeit erlebt wurde, ausgeschaltet wird: Angst, Leid und Empathie – all die Emotionen, die den Menschen zum Menschen machen. Das verbleibende Bewusstsein erhält diese Spaltung aufrecht, indem es Hilflosigkeit mit einer inneren Ablehnung, die bis hin zum Hass gehen kann, verbindet.

Dieser Prozess macht die Hilflosigkeit generell zu dem, was einen bedroht, und verdrängt die Situation, die sie verursacht hat. In diesem Bewusstsein rächt man sich dauernd an allem, was die eigene Hilflosigkeit hervorrufen könnte. Und sie wird verachtet. Diese Verachtung und die dahinter liegende verneinte eigene Angst fördern die Notwendigkeit einer kompensierenden Ideologie, die auf den Pfeilern Macht und Herrschaft fußt. Und so treten Opfer auf die Seite ihrer Unterdrücker, um neue Opfer zu finden; ein endloser Prozess, durch den ein Bewusstsein geschaffen wird, das den Menschen entmenschlicht. Ein unablässiger Drang nach Herrschaft, Erfolg und Leistung tritt an die Stelle der Menschlichkeit und schafft ein Bewusstsein, das auf abstrakten Formeln wie Wachstum, Größe und Profit basiert. Das Verheerende ist dabei oft, dass dieses Bewusstsein empathisches Mitfühlen nachahmt. Dann werden große Reden über Menschlichkeit und Empathie geschwungen, die leider nur Lippenbekenntnisse bleiben, wenn im Namen des Fortschritts doch alles andere als empathisch gehandelt wird. Und so werden Güte und Anteilnahme missbraucht, um andere Menschen in einem Abhängigkeitsverhältnis zu halten.

Die Unterdrückten identifizieren sich mit den Herrschenden, von denen sie sich die Milderung des eigenen Leidens erhoffen, und die Herrschenden spielen damit. Die Identifizierung mit ihren Unterdrückern, die ihre Entstehung den ungleichen Machtverhältnissen zwischen Kind und Eltern in unserer Kultur verdankt, ist ein Aspekt eines abstrakten kognitiven Bewusstseins, welches aus dieser Unverhältnismäßigkeit entsteht.

Wie grundsätzlich anders müssen die Voraussetzungen sein, wenn auf Kinder eingegangen wird, wenn Säuglinge und Kleinkinder andauernden körperlichen Kontakt mit ihren Müttern oder deren Freunden erleben, wie dies bei den ›primitiven‹ Völkern der Fall ist. Sie werden auf dem Schoß gehalten, wenn ihre Mütter sitzen, auf der Hüfte, unter dem Arm, gegen den Rücken oder auf die Schultern platziert, wenn die Mutter steht. Die Babys werden nie hingelegt, auch nicht während des Kochens, oder wenn schwere Lasten zurechtgerückt werden. Da ist immer ein Platz für das Kind am Körper der bemutternden Person. So müssen die Kinder nie ohne Körperkontakt auskommen.

Sorensen beschreibt dies für Völker in der Central Range von Neuguinea, Jean Liedloff für die Yequena in der Region des venezolanischen Flusses Caroni[163]. Der körperliche Kontakt wird hier zu einer Körpersprache, die, weil sie auf unmittelbarer Berührung basiert, eine Sprache der direkt erlebten

Wahrheit ist. Wenn Kinder in diesen Kulturen später verbale Sprache entwickeln, werden ihre Worte immer vollständig wahrgenommen und nie als Kindersprache verniedlicht und damit abgetan. »Baby talk« kennen diese Völker überhaupt nicht.[164] Dieser ist eine Verniedlichung der Sprache des Kindes und ein Ausdruck dafür, dass das von Kleinkindern Gesagte nicht ernst genommen wird. Wir in unserer Kultur degradieren unsere Kinder durch diese scheinbar nette und liebende Art, mit ihnen umzugehen. Daniel Everett schreibt, dass die Pirahà im Amazonasurwald von Brasilien ihre Kinder ganz gleichberechtigt behandeln und deswegen ihr Sprechen als verantwortungsvolle Kommunikation wahrnehmen.[165] Auf diese Weise wird das Reden für diese Kinder zu einer verantwortungsvollen Tat, wodurch ihr Bewusstsein frei ist von Verdrehungen, Täuschungen, Ausreden und Prahlerei.

In westlichen Kulturen überwiegt die verbale Stimulation und nicht die empathische taktile Berührung. Durch Sprache soll die kognitive Entwicklung gefördert werden, welche durch die Ideologie einer anzustrebenden scheinbaren Unabhängigkeit und Selbstsicherheit unterstützt wird. Aber, wie die amerikanische Anthropologin Meredith Small zeigt, sind

> »... amerikanische Eltern sich nicht bewusst, dass Babys bei der Geburt neurologisch noch nicht vollkommen entwickelt sind, dass diese Entwicklung erst durch eine symbiotische Beziehung zwischen den Erwachsenen und dem Säugling vollendet wird. Stattdessen wollen sie, dass diese Bindung so schnell wie möglich unterbunden wird, um das Baby zur Unabhängigkeit zu bringen. Diese Ideologie sorgt dafür, dass Eltern in einem ständigen Konflikt mit ihren Babys sind.« (Übers. A. G.)[166]

Das ist die Basis einer Bewusstseinsentwicklung, die das Empathische verdrängt und Terror und Hilflosigkeit zu ihrem Fundament macht. Aus ›Unabhängigkeit‹ und ›Selbstsicherheit‹ lässt sie Triebe entstehen, welche diese negativen Gefühle verdrängen. Das bedeutet, dass das Produkt dieses Diktums von Unabhängigkeit und Selbstsicherheit, das wir liebevoll heranzüchten, eine Fata Morgana ist, denn es verbirgt nur diese eine frühe Angst, die nicht zugelassen werden darf. So sind die versteckten Gefühle Unsicherheit und Verletzbarkeit der eigentliche Motor für unser Streben nach Unabhängigkeit und Selbstsicherheit, weil die empathische Zuwendung gestört ist.

Es sind erneut die Dichter, die uns auf die Wahrheit aufmerksam machen. Ein gutes Beispiel stammt aus dem babylonischen Text des Gilgamesch-Epos. Im 3. Jahrtausend v.Chr. herrschte dieser mesopotamische König in der Stadt Uruk. Er bezeichnete sich als zu einem Drittel menschlich und zu zwei Dritteln göttlich. Das Epos berichtet von seinen Heldentaten und seiner Suche nach Unsterblichkeit – alles Wege, eine grundsätzliche Unsicherheit zu kompensieren: »Gilgamesch, wohin läufst du? Das Leben, das du suchst, wirst du nicht finden! Als die Götter die Menschheit erschufen, wiesen sie ihr den Tod zu, nahmen das Leben in ihre Hand.«[167] Die Dichter erkannten die Unsicherheit und Verletzlichkeit, welche die Zivilisation mit sich bringt und welche der allseits gefeierten Unabhängigkeit und Selbstsicherheit völlig entgegensteht.

Unser Bewusstsein unterscheidet sich grundlegend von dem der sogenannten ›Primitiven‹. Diese sind in das Gefüge ihrer Gemeinschaft eingebettet. Dies hat in den ›zivilisierten‹ Kulturen zu der Annahme geführt, dass der ›Primitive‹ ein bloßes Abbild seiner Gruppe sei. Viele Anthropologen und andere Geisteswissenschaftler haben noch immer nicht verstanden, dass Individualismus und die enge Verbindung mit einer Gemeinschaft sich nicht ausschließen. Die Wahrnehmung dieser These als Widerspruch fußt auf unserer abstrakten Denkart. Wir glauben, dass sich Unabhängigkeit und Gemeinschaft widersprechen und dass Gemeinschaft Verlust der Individualität bedeutet. Trotzdem beschreiben Anthropologen immer wieder die Vielfalt der Persönlichkeiten bei ›primitiven‹ Völkern. Im Vergleich zu ihnen sind wir engstirnig und stereotyp.

Wenn wir uns diese Unterschiede näher betrachten, bemerken wir bald, dass die Unabhängigkeit, von der wir so besessen sind, mit der Angst vor Nähe einhergeht, wenn Terror und Hilflosigkeit unsere ersten Erfahrungen sind. ›Liebe‹ wird nämlich dann zur Gefahr, wenn sie lediglich davon abhängt, sich der Erwartungshaltung der Eltern anzupassen und das Eigene verdrängen zu müssen. Die Ideologie unserer Unabhängigkeitserziehung negiert damit das Eigene des Kindes. Wir glauben gar nicht, dass Kinder von sich aus unabhängig sein könnten. Die Angst, die unsere Erziehung erzeugt, führt deshalb zur Angst vor Nähe, weil sie das Eigene unterdrückt. Dadurch wird auch Nähe zur Gefahr. So ist Unabhängigkeit bei uns durch das Vermeiden von Nähe gekennzeichnet. Nicht so bei den ›Primitiven‹, deren früheste empathische Berührungswelt von Sicherheit und Zuwendung geprägt ist. Was bei uns als Liebe erlebt wird, ist nicht die Liebe für die Individualität des anderen, sondern lediglich Eigenliebe. Es ist ein narzisstisches Spiegelbild, das man dem anderen aufdrängt.

Dass Individualismus und Einheitsgefühl mit der Gruppe als Widerspruch gelten, folgt aus der Abstraktion, die unser Bewusstsein prägt. Gemäß ihrer Logik stehen diese zwei Werte im Widerspruch zueinander, weil wir Gruppenzugehörigkeit als Verlust des Eigenen empfinden. Für unsere Gesellschaftsstruktur trifft das durchaus zu, da wir darauf konditioniert sind, mitzumachen, um nicht als Außenseiter zu gelten. In unserer rationalisierten, von abstrakten Ideen über unser erwünschtes Wesen geformten Zivilisation haben wir es mit standardisierten Personenmustern zu tun und nicht mit einer natürlichen Vielfalt. Das Individuum läuft dauernd Gefahr, sich in einer Funktion oder einem Statusideal aufzulösen.[168] Wir, die wir uns für so individualistisch halten, verwechseln die künstliche Konstruktion einer Person mit der eigenständigen Entwicklung eines Selbst.

Dies steht in großem Gegensatz zur Persönlichkeitsentwicklung bei den Urvölkern, welche auf empathischer Zuwendung basiert. »Jeder denkbaren Art der Verwirklichung oder Äußerung der Persönlichkeit wird in der primitiven Gesellschaft freier Spielraum gewährt«, schrieb Paul Radin, ein Anthropologe mit beeindruckender Felderfahrung. Bei ihnen werde »über keinen Aspekt der menschlichen Persönlichkeit als solcher ein moralisches Urteil abgegeben ...«[169]

Stanley Diamond fasst Radins Standpunkt so zusammen: »Geh völlig nach außen, doch kenne dich selbst und nimm die Folgen deiner eigenen Persönlichkeit und deiner Handlungen auf dich.« Das trifft auf die Verbundenheit von Gemeinschaft und Individualität zu und zugleich auch auf die damit verbundene Verantwortung für das eigene Sein. Bei uns, die wir mit einer Geisteshaltung durchtränkt sind, die uns ›ungebunden‹ und unbeteiligt sein lässt, bleiben wir geteilt und ohne die innere Einheit der empathisch Gebundenen.

Im Namen des Individualismus produziert die Zivilisation also Persönlichkeiten, die sich auf stereotype Weise gegen empathisches Erleben wehren und dadurch grundsätzlich voneinander isoliert sind. Da ihre Rollenspiele dem öffentlichen Verhalten gelten, produzieren sie ein scheinbar der Gemeinschaft gewidmetes Leben. Und so wird, unter dem Deckmantel des Gemeinschaftlichgesinnten dem Gesellschaftlichen dauernd Gewalt angetan. »Eine Öffentlichkeit«, schrieb Kierkegaard »ist weder ... eine Gemeinschaft, noch eine Gesellschaft ...«[170] Das öffentliche Verhalten ist, wie Diamond es so schmerzhaft ausdrückte, »eine Verdinglichung, eine Projektion unseres unvollständigen Lebens ...«

Unser Bewusstsein erkennt diese Unvollständigkeit aber nicht, sondern nimmt sie als eine universale Art des Seins an. Die Identifizierung des »Ichs« mit Äußerlichkeiten führt dazu, den Besitz von Dingen mit sich selbst gleichzusetzen, also mit einem imaginären Sein. Eigentlich ist solch ein Denken gewissermaßen magisch. Das kann es aber nicht sein, weil dieses Imaginieren als Wirklichkeit erlebt wird und als Beweis für unsere vermeintliche Überlegenheit gegenüber dem magischen Denken der Urvölker dient. Für die Urbevölkerung hat Magie jedoch mit Beziehung zu tun, mit einem Versuch, andere oder die Natur zu beeinflussen. Hier zeigt sich ein ganz anderer Umgang mit Natur, Welt und Wirklichkeit als in der Showmagie, die heute in allen möglichen Posen vorgeführt wird und uns und die Welt halluzinatorisch in Besitz nimmt.[171]

Ein Bewusstsein, das auf Abstraktionen basiert und das Empathische verdrängt, entfernt den Menschen von der Realität. Es führt zu den uns zerstörenden gewalttätigen und gewaltigen Kriegen, die die Geschichte der Zivilisationen charakterisieren. Es resultiert in einer grundsätzlichen Unverantwortlichkeit den Menschen gegenüber, die aber vollkommen verdeckt ist durch ein Heldentum, das die ihm unterliegende Hilflosigkeit verneint. Diese Hilflosigkeit und der sie begleitende Terror sind das Resultat ungenügender Zuwendung von Geburt an. Es geht nicht darum, primitive Formen auf zivilisierte Strukturen aufzupfropfen oder sich in die primitive Vergangenheit zurückzuziehen, oder gar ein vermeintliches verlorenes Paradies zurückzugewinnen. Es geht darum, zu lernen, dass ein empathisches Bewusstsein dem Menschen ermöglicht, sich mit seiner Geschichte wieder zu vereinigen.

Aber um das zu bewerkstelligen, müssen wir erst erkennen, dass es diese zwei Arten des Bewusstseins gibt.

Irenäus Eibl-Eibesfeldt, Verhaltensforscher am Max-Planck-Institut für Völkerkunde in München, beschreibt die Interaktion zwischen einer Eipo-Mutter in West-Neuguinea und ihren beiden Kindern. Hilflosigkeit, Ohnmacht und Terror kommen erst gar nicht auf, weil ihre Fähigkeiten, die Umwelt von sich aus zu bewegen, unterstützt und nicht unterdrückt werden. Die oftmals unbedachte Unterdrückung der eigenen Möglichkeiten des Kindes schürt Hilflosigkeit und auch Angst. Nicht so bei der von Eibl-Eibesfeldt beobachteten Eipo-Mutter. Der kleine Junge, etwa drei Jahre alt, und seine jüngere Schwester geraten eines Tages in einen Streit um ein Taro-Stück. Der Junge isst es gerade und das Mädchen greift danach. Beide schreien laut. Die Mutter eilt sofort herbei, und der Junge reicht ihr das Taro-Stück. Sie bricht es in zwei Teile und gibt beide dem Jungen zurück. Er bemerkt erstaunt, dass er jetzt zwei Stücke hat und gibt eines davon seiner Schwester.[172]

Wir hätten es wahrscheinlich anders gemacht. Wir hätten die beiden Stücke von uns aus verteilt und auf diese Weise versucht, den Kindern das Teilen beizubringen. Wir lassen im Grunde nicht die Idee zu, dass ein Kind von sich aus teilen könnte. Wir handeln entsprechend unseren Vorurteilen und schränken unsere Wirklichkeit ein. Eine derart verformte Wirklichkeit der menschlichen ›Natur‹ wird so zeitlebens weitergegeben.

Weil wir die Möglichkeiten des Kindes nicht erkennen, missachten wir seine Grenzen, infantilisieren es, machen es von der Umwelt abhängig und es bleibt voller Zweifel über sich selbst. Ein weiteres Beispiel, hier aus einem thailändischen Dorf, zeigt, wie groß der Unterschied zu unserer Kultur ist:

>»Mit dem Wachstum der Kleinkinder begannen sich ihre Interessen auf die vorhandenen Materialien, Objekte und Aktivitäten zu erstrecken. Sie verfügten über eine unglaubliche Freiheit, momentanen Einfällen und Interessen nachzugehen. Zuerst hielten sie mit einer Hand noch die Mutter, die andere streckten sie aus. Dann machten sie kurze Ausflüge, die sie immer weiter weg von der Mutter führten. ... Obschon die Mutter oder ein Geschwister manchmal nickten, um ein Kleinkind zu ermutigen, das über ein Fortkommen verunsichert schien, intervenierten sie nicht, noch steuerten sie das Interesse oder die eingeschlagene Richtung der Babys. Sie blieben genau dort, wo sie waren und setzten ihre Tätigkeit fort – aber als eine Bastion der Sicherheit, zu der die kleinen Kinder zurückkehren konnten, um Trost, Unterstützung oder ein Gefühl von Sicherheit zu bekommen. Obschon die älteren Menschen die Babys nicht auf ihren Exkursionen begleiteten, waren sie immer bereit zu helfen, in jeder Hinsicht. Die Kleinkinder machten bei den Tätigkeiten der älteren Menschen mit; diese jedoch nahmen nicht an ihren Aktivitäten teil.«[173]

Hier sehen wir, wie die Erwachsenen das Eigene des Kindes von Anfang an respektieren und sein Wachstum unterstützen. Indem wir dagegen permanent Anweisungen geben, verhüten wir die Entwicklung eines Bewusstseins, das auf empathischer Wahrnehmung aufbaut.

Was passiert, wenn diese beiden hier beschriebenen so widersprüchlichen Bewusstseinsformen aufeinanderprallen? Liedloff beobachtete, dass eine Gruppe aus dem Volk der Yequanas, die wegen eines Krankenhausaufenthaltes in die Zivilisation eintauchen musste, eine Veränderung erlebt hatte, die bei ihrer Rückkehr zum Rest des Stammes deutlich wurde. Sie benötigten längere Zeit, um zum eigenen Selbst zurückzufinden.[174]

Sorensen verfolgte diese Verwandlungen noch genauer, da er das Aufeinanderprallen ganz direkt beobachten konnte.[175] Er hielt sich gerade auf den Phi Phi Inseln in Thailand auf, als mehrere Gruppen von Touristen aus Korea und Taiwan dort für einige Stunden landeten. Erschreckenderweise verwandelten sich die integrierten selbstlosen Gemeinschaften der Inselbewohner unter dem Druck des kompetitiven, zersplitterten Sozialverhaltens der Touristen und nahmen einen völlig beliebigen verteidigungsaggressiven Bewusstseinszustand an.

Was er über die Phi Phi Inselbewohner schreibt, konnte er auch in Neuguinea beobachten:

»Die selbstlose Einheit, die so sicher und selbstheilend schien, verschwand, um einer Einheit Platz zu machen, die log, um zu leben. Diese Erfahrung ging mit epidemischer Schlaflosigkeit einher, mit nächtelang wildem Tanz, die Augen verengten sich und bekamen einen leeren Blick, Sprachlosigkeit verschiedener Art trat auf, plötzliche Epidemien von Entfremdung, Wahrnehmungslücken, Hyperkinese, Verlust sinnlichen Erlebens, Liebesverlust sowie Impotenz. Angesichts der andauernden Konfrontation mit Zorn, Täuschung oder Gier erlosch ein Bewusstsein, das auf Empathie aufbaute. Sklaverei trat an die Stelle des Mitleids, Gier ersetzte Großzügigkeit, und eine primitive Sexualität die herzliche Harmonie.«[176]

Hier lassen sich genau dieselben Symptome wiederfinden, die so viele Menschen in unserer Zivilisation betreffen: die Psychosomatik körperlicher Schmerzen, Kopfweh, Rückenleiden, Schlaflosigkeit, Impotenz und überhöhte sexuelle Aktivität.

Wir sehen also ganz deutlich, was ein reduziertes Bewusstsein mit sich bringt, nur glauben wir nicht daran, dass unsere Beschwerden eine fundamentale Ursache in unserem Bewusstsein haben. Im Gegenteil, wir denken sogar, dass die immer weiter ausufernde Sexualität Zeichen von Männlichkeit und Stärke sind. Dass die überwältigende Zahl von Rückenbeschwerden und Kopfschmerzen mit unsäglicher Wut zu tun hat, wird zwar erkannt, nicht aber, dass unsere Art des Bewusstseins mit der Erzeugung dieser Wut zu tun hat. Dies zu erkennen würde bedeuten, das Fundament unserer Zivilisation, die die Einfühlung in andere Menschen unterdrückt, zu entdecken und Wettbewerb, Egoismus, Profitdenken, Wachstum und Leistung infrage zu stellen.

Hier zeigen sich die zerstörerischen Folgen des Bewusstseins, das auf unserer Zivilisation lastet. Die Tatsache, dass sich die Einwohner von Thailand und Neuguinea so schnell unterwarfen, hat vielleicht mit ihrer empathischen Grundhaltung zu tun, die es erleichterte, sie in die Enge zu treiben. Sorensen beobachtete, dass diese Menschen ein gewisses Verhalten unterdrückten, um anderen kein Unbehagen zu bereiten. Das machte es ihnen weitgehend unmöglich, ihre eigenen Traditionen zu bewahren. Doch es gibt auch andere Beispiele. Die Indianer der Montagnais-Naskapi, die Eleanor Burke Leacock auf der östlichen Labrador-Halbinsel beschrieb, konnten offenbar den ›zivilisierenden‹ Anstrengungen der Jesuitenpater widerstehen, die sie im 17. Jahrhundert zu bekehren suchten. Nur ein Teil konvertierte, die anderen – vor allem Frauen – blieben sich selbst treu.[177]

Dasselbe gilt für viele amerikanische Ureinwohner, wie zum Beispiel die Indianer vom Stamm der Pawnees. Dort wurde jedermann als sein eigener Richter angesehen und Gewalt selten eingesetzt. Falschheit galt als ein Verbrechen und der absolut ehrliche Umgang miteinander als das höchste Gut. Die Erziehung der Kinder erfolgte ohne Befehle. Das Leben der Pawnees war reichhaltig, ohne Hast und ohne Angst vor den weißen Herrschern. Wenn sie doch einmal zu List und Täuschung im Umgang mit den Weißen griffen, so geschah dies aus der Machtlosigkeit gegenüber einem Bewusstsein, für welches sie keinen Namen hatten.[178]

DAS REDUZIERTE BEWUSSTSEIN UND
DIE VERKEHRTE WIRKLICHKEIT

Da das Einfühlungsvermögen in unserem Bewusstsein als Schwäche abgetan wird, ist es nicht erstaunlich, dass seine Bedeutung für ein Verständnis unserer Evolution keinen Platz hat. Ein Beispiel findet sich in Francis Fukuyamas neuem Buch »The Origins of Political Order: From Pre-human Times to the French Revolution«.[179] Für ihn ist der vorzeitliche primitive Mann, der Jäger und Sammler, nicht grundsätzlich friedlich und isoliert, sondern »einer, der von seinen Affenvorfahren die Fähigkeit für Gewalt geerbt hat, welche wiederum dazu führte, dass schützerische gesellschaftliche Gruppen sich formieren mussten.«[180] Dies, schreibt er weiter, habe zur Entwicklung von Stämmen und Kriegerorden und, daraus folgend, zu der grundsätzlichsten und andauernden Basis aller politischen Organisationen geführt: dem Führer und seinen bewaffneten Anhängern. Deshalb sei der Krieg die Basis für den Aufbau von Staaten, die dadurch erst fähig würden, internationale Beziehungen einzugehen. Regierende Institutionen entwickelten sich auf diese Weise. Rechtsstaatlichkeit entstehe, wenn diese Institutionen durch gewählte politische Körper für diese Entwicklung verantwortlich gemacht würden.

Fukuyama versucht hier jenen Staaten eine Hilfestellung zu liefern, die sich noch nicht ausreichend entwickelt haben und denen es deshalb bislang nicht gelang, sich in die neue Weltordnung zu integrieren. Als Vorbild für einen fortgeschrittenen, erfolgreichen und friedlichen Staat setzt er dazu die USA. Seinen Ausführungen zufolge ist es absolut notwendig, zusammengestürzte oder instabile Regierungen zu retten, die sich möglichst an das amerikanische Vorbild anpassen sollen. Das ist nichts anderes als der alte Imperialismus im Gewand der Demokratisierung. Und dadurch wird ein ›Realismus‹ geschaffen, der die Wirklichkeit entstellt und die Welt weiter in Krieg und Instabilität hineintreibt.

Dieser Realismus ist der andauernde Versuch, die ständig lauernde Unsicherheit, basierend auf einer ursprünglichen Traumatisierung, durch Gewalt, Herrschaft und Besitz zu kompensieren. Dass diese Art des Bewusstseins und ihr Realismus aus der Trennung von Empathie resultiert, belegt eine kürzlich vorgestellte Studie über erfolgreiche Menschen, die im Bankenwesen tätig sind.[181] Dafür wurde diese Berufsgruppe einmal mit inhaftierten Psychopathen einer deutschen Hochsicherheitsklinik und zum anderen mit einer Kontrollgruppe, bestehend aus einer willkürlich zusammengestellten Gruppe von Bürgern, verglichen. Das Ergebnis war aufschlussreich: Die Bankergruppe verhielt sich in den Testsituationen rücksichtsloser, egoistischer und unkooperativer als die der Psychopathen. Vor allem zeichnete sich eine negative Tendenz ab, die darauf zielt, den Gewinn anderer um jeden Preis zu reduzieren – selbst wenn dadurch die eigenen maximalen Gewinnchancen der Banker ebenfalls reduziert wurden. Um sich selbst und das erreichte Ziel größer wirken zu lassen, geht diese Berufsgruppe also soweit, ein destruktives Verhalten an den Tag zu legen, bloß um den anderen zu schädigen und klein zu halten.

Dies sind Beobachtungen im Kleinen. Doch wie sieht es weltweit aus? Stefano Battison und James Glattfelder von der ETH Zürich zeigen in ihrer Studie, dass 737 Firmen rund 80 Prozent des Weltmarktes kontrollieren. Eine hoch vernetzte Kerngruppe von 147 Firmen kontrolliert allein fast 40 Prozent. Dieses kleinere Netzwerk besteht fast nur aus britischen und amerikanischen Banken und Finanzfirmen. Das heißt: Weniger als ein Prozent der 43 000 transnationalen Unternehmen weltweit hat die Kontrolle über die Märkte. Und halten wir uns nun noch einmal vor Augen, dass hinter diesem einen Prozent genau die Gruppe ›beschädigter‹ Menschen steht, die unfähig ist zu leiden. Sie können gar nicht anders, als ihre eigene Deformation ›lebenslänglich‹ nach außen zu projizieren, weil sie sich ihrem eigenen Schmerz nicht stellen können. Was sagt uns eine solche Diagnose über den inneren Zustand unserer Gesellschaft?

Doch natürlich bestimmen nicht nur diese Machtmenschen die Realität. Sie haben ihre Mitläufer und Lakaien, die aus demselben Bewusstsein heraus unsere Zukunft bestimmen wollen. Auf einer Konferenz des Massachusetts Institute of Technology Media Lab (MIT) befassten sich Ingenieure, Wissenschaftler, Akademiker, Unternehmer, Investoren, Studenten und Vertreter von Korporationen mit der Förderung von neuen und zukunftsweisenden Technologien. Als Anreiz wurden in diesem Rahmen lebensbedrohliche Probleme, wie Klimawandel, Hunger und Krankheiten als lukrative finanzielle ›Gelegenheiten‹ präsentiert.

Greg Sorensen, der CEO von Siemens, formulierte es so: »Nur wenn ein Produkt Geld sparen kann, das heißt, für jemanden Geld macht, können Innovationen von der Idee zur Verwirklichung kommen, um Menschen wirklich zu helfen.«[182] Allein der maximale Profit motiviert. Den Profit steigern bedeutet, mehr Macht; und damit Macht über das, was tief im Innern nagt: Es handelt sich um eine Urangst, ein Urtrauma, das zu unerträglicher Hilflosigkeit führt. Diese muss durch Eroberung und unaufhörliches Wachstum überwunden werden, denn das widerfahrene Leiden kann und darf nicht zugegeben werden.

Hinter dem leidensunfähigen Menschen steht eine untilgbare Angst. Im Rahmen der MIT-Konferenz erklärte Juan Enriquez, Risiko-Kapitalist und Professor an der Business

School in Harvard, dass die Entschlüsselung unserer genetischen Codes die nächste industrielle Revolution herbeiführen werde. Krankheiten, ungünstige Erbanlagen – all die Faktoren, die unsere Existenz von außen bedrohen, ließen sich so bekämpfen und nähmen uns die Angst vor der eigenen Vergänglichkeit. Und darum geht es eigentlich: Um die Kontrolle über die Ungewissheit und die Unsicherheit, die dem Menschsein innewohnen und die er so heftig und beständig und mit allen Mitteln unterdrückt, und dabei das eigene empathische Bewusstsein verliert.

Zur selben Zeit, als Enriquez sprach, kampierten auf der anderen Seite des Campus vom MIT Anhänger der Occupy Wall Street Bewegung. Menschen, die für ihr empathisch geformtes Bewusstsein kämpfen. Sie setzen sich für eine humane Zukunft ein und demonstrieren. Weil sie sich ihrer eigenen Verletzlichkeit bewusst sind, sind sie auch für die Verletzlichkeit des anderen offen.

Doch allein zu wissen, dass hinter der Motivation zur Macht immer die eigene Verletzlichkeit wirkt, macht es leider noch nicht möglich, sie rein rational zu bewältigen. Einer meiner Patienten beispielsweise konnte sich empathisch so sehr in seinen Vater einfühlen, dass er dessen, von ihm selbst unterdrücktes Leiden und die damit verbundene Angst wahrnehmen konnte. Die Gewalttätigkeit des Vaters ihm gegenüber erkannte der Patient allerdings nicht. Kinder spüren sehr oft diese tiefe verneinte Angst in ihren Eltern und versuchen, sie einzuordnen oder als ihre eigene aufzunehmen.

Für den Patienten entstand so das Gefühl, den Vater ständig vor Schmerz beschützen zu müssen. Zudem projizierte er auch seinen eigenen tiefen Schmerz hinein, der um den Verlust seines eigenen Urvertrauens kreiste. Sein Vater war ein außerordentlich jähzorniger Mann, der es nicht ertragen konnte, dass sein Sohn Erfolg haben könnte, der ihm selbst verwehrt blieb. Doch die Empathie für das Leiden und die Angst des Vaters verschleierten dem Sohn den neutralen Blick darauf, dass dieser einen ausgeprägten Machtanspruch und für seinen Sohn nur Verachtung übrig hatte. Dieses Beispiel aus der Praxis bestätigt auf paradoxe Weise, dass hinter dem Machttrieb des Vaters die Angst als eigentliche Motivation steht. Er konnte es nicht aushalten, gegen einen anderen, auch gegen seinen eigenen Sohn, zu verlieren.

Der Vater profilierte sich mit Heldentaten, entwürdigte seinen Sohn und machte ihn kleiner, als er ist, um sich selbst größer und stärker erscheinen zu lassen. Dieses Verhalten ist charakteristisch für eine Kultur, in der Leiden als Zeichen der Schwäche verpönt ist. Deshalb kann dieses Verhalten aber auch nicht einfach durch mitfühlendes Verständnis aufgebrochen werden. Denn dann würde sich das künstlich aufgebaute Selbst auflösen.

Die Folge wäre eine Wiederkehr des Terrors. Menschen wie der Vater des Patienten reagieren deswegen mit Gewalt, mit Rache und Unterdrückung auf die ›verständnisvolle‹ Konfrontation mit ihrer Deformation. Das macht die Revolte gegen sie so schwierig, denn wenn sie gewalttätig wird, tritt man dem abgetrennten Bewusstsein und seinem grimmigen Realismus bei. Die Occupy Wallstreet Bewegung hat deshalb eine andere Strategie gefunden. Sie verzichtet auf Gewalt. Ihre Waffe ist die Scham. Und sie erreichen damit genau die, die sie erreichen wollen. Ähnliche Ergebnisse liefert auch die therapeutische Arbeit mit rechtsradikalen Gewalttätern. Nicht die ›verständnisvolle‹ Begegnung, sondern das Erzeugen von Scham erreicht diese Patienten und kann dadurch zu einer Bewusstseinserweiterung führen.

SPIEGELBILDER DER GEWALT:
RECHTSRADIKALE UND WIR

1986 setzte sich in Hameln eine interdisziplinäre Arbeits-
gruppe aus Soziologen, Psychiatern, Sozialarbeitern und
Sozialwissenschaftlern zusammen, um eine Methode zur
›Entschärfung‹ von Gewalttätigen und Rechtsextremen zu
entwickeln. Sie arbeiteten in der dort ansässigen Jugendan-
stalt mit etwa 100 Gewalttätern zwischen 17 und 24 Jahren,
die eine Jugendstrafe von über drei Jahren absaßen. Die ganze Gruppe begegnete menschlich-einfühlsamen Gesprächen
mit Verachtung und Gewalt.

Schon als Kind hatte man solche Gespräche mit ihnen geführt. Die Psychotherapeuten beschimpften sie als »Sozial-
Fuzzis«. Doch eigentlich wollten sie reden. Nur eben nicht
nett, nicht einfühlsam. Sie wollten, dass man mit ihnen über
ihre Gewalttaten sprach, und nur darüber. Sie suchten die
Konfrontation, kein Mitleid, keine Schonung. In diesen Gesprächen brach ihre Abwehrhaltung irgendwann auf. Und
dann, nach und nach, schrumpfte der Held, den sie in sich
sahen, zum Feigling. Einer sagte zu Beginn der Therapie:
»Ich bin Gott, bin Herr über Leben und Tod. Ich entscheide,
ob der, der bewusstlos vor mir liegt, stirbt oder nicht.« Der
Reiz der Macht, das Taumeln ins Grenzenlose, brachten ihm
Spaß, und er holte ihn sich durch eiskalte rohe Gewalt. Dabei
trieb er es so weit, bis er wie ein römischer Kaiser in der
Arena durch seinen Daumen entscheiden konnte: Leben oder
Tod.

»Nahezu alle Gewalttäter waren selbst Opfer von Gewalterfah-
rungen ... Wir finden niemanden unter den Gewalttätern,« sagt
der Erziehungswissenschaftler Jens Weidner, »der eine normale
Kindheit hinter sich hat ... Die jugendlichen Gewalttäter denken

über ihre Vergangenheit nicht nach. Es interessiert sie nicht, warum sie so geworden sind, da sie ihren Schmerz verleugnen: Deswegen begreifen sie sich nicht als Opfer, genauso wenig wie sie ihre Opfer als Opfer sehen. Sie haben keinen Kontakt zu ihren Gefühlen oder zu anderen Menschen ... ›In mir und um mich herum ist Langeweile, gähnende Leere, Tod‹, sagte ein jugendlicher Gewalttäter, der nachts einen wehrlosen Mann mit Messerstichen ermordet hatte.«[183]

Jens Weidner erläutert die Aussage des jugendlichen Gewalttäters weiter:

»Sie haben kein Verhältnis zu ihren Opfern, weil es gar keine Opfer gibt. Es gibt nur Sieger und Besiegte. Und siegen ist in Deutschland (wie überall in unserer Kultur) etwas Positives. Sie haben den Sieg errungen über einen, und der andere ist der Besiegte, aber das ist kein Opfer, der hat einfach verloren, das ist ein Looser-Typ, dem kann man noch einen Tritt hinterhergeben, wenn er es nicht packt in unserer Leistungsgesellschaft ... Das Opfer existiert nicht.«

Dem Opfer wird das menschliche Antlitz genommen. Denn könnte man sein Leiden wahrnehmen, würde man über seinen Schmerz zu seinem eigenen Schmerz finden und plötzlich fühlen, dass man selbst ein Verwundeter, ein Mensch ist.

Bei der Therapie dieser Patienten ist eine Konfrontation mit der eigenen Gewalttätigkeit sinnvoll, weil sie sich dieser bewusst sind. Durch diese Methode entsteht bestenfalls irgendwann ein Gefühl der Scham und erst dann kann eine Besserung erzielt werden. Doch es ist schwer, da unsere Kultur von Leistung und Wettbewerb geprägt ist. Wenn das Opfer gar nicht als solches wahrgenommen wird, sondern lediglich als Verlierer, ist das eine mit unserer Kultur verbundene Abstraktionsleistung, bei welcher der Schmerz des Anderen ausgeblendet wird. Das abstrakte Denken, beispielsweise die größtmögliche Leistung zu erzielen, distanziert die Tat von ihren Konsequenzen für andere.

Wenn die Gewalttäter jedoch mit ihrer eigenen Gewalttätigkeit konfrontiert werden, die sie ja nicht verneinen, sondern sogar damit prahlen, geraten sie in ganz unmittelbare Berührung zu ihrem Handeln. Nur durch diese Konfrontation können sie Scham erleben, und somit den Schmerz, den sie anderen zugefügt haben, nachvollziehen.

> *»Es schmerzt,« schrieb der jugendliche Mörder des obdachlosen Mannes, nachdem er mit seinem Tun konfrontiert wurde, »wenn du so lange auf Eis gelegen hast und plötzlich fließt Blut durch deine erstarrten Adern. Aber das einzige, was hilft, ist, dir die Wunden, die du den anderen zugefügt hast, und die Wunden, die andere dir zugefügt haben, anzusehen.«*[184]

Auf die Konfrontation folgen schlaflose Nächte, in denen Scham, Schuld und Schmerz verarbeitet werden. Bei der Arbeit mit Mördern im psychiatrischen Gefängnis im englischen Broadmoor habe ich selbst Ähnliches erlebt.[185] Dadurch erlebten sie den Schmerz ihrer Opfer und schließlich den eigenen Schmerz. Die Patienten übten verschiedene Shakespeare-Dramen ein. Ihre erste Reaktion war ein Versuch, sich *selbst* das Leben zu nehmen, da das Erleben von Schmerz unerträglich war. Der Schmerz war so unerträglich, weil sie schon so früh, wie die jugendlichen Gewalttäter auch, Schmerz verneinen mussten. Diese Mörder oder die oben beschriebenen Jugendlichen waren skrupellos und gewalttätig. Aber für uns, die ja auch zu Leistung und Wettbewerb erzogen wurden, existiert kein Bewusstsein dafür, dass wir ebenfalls Gewalt ausüben. Der Schmerz des anderen – wenn auch subtiler und ohne Blutvergießen – und auch der eigene existieren in unserer Wahrnehmung genauso wenig, weil die Abstraktion über Leistung und Wettbewerb dies als lobenswertes Ziel nicht zulässt.

Jules Henry beschreibt im Rahmen seiner Forschungen zum amerikanischen Schulsystem, wie wir überhaupt dazu gebracht werden, die Schmerzen des anderen zu übergehen.[186] Ich schildere sein Beispiel vollständig, denn es stellt nachvollziehbar dar, was wir alle in unserer Schulzeit erlebt haben: Schon als Kinder werden wir darauf konditioniert, den Schmerz anderer nicht wahrzunehmen. Der Wettbewerb in der Schule um die Aufmerksamkeit und Anerkennung der eigenen Leistung durch die Lehrer, führt zu einem völlig paradoxen ›Lerneffekt‹, nämlich dem, andere Kinder als Rivalen wahrzunehmen und zu hassen. Ein Paradoxon, denn dasselbe kulturelle System verbietet Hass und verneint die Existenz von Hass zwischen Kindern. So lernen sie, den Hass entweder überhaupt nicht wahrzunehmen, oder so zu tun, als ob sie nicht hassen würden. So verkommt die Kultur zur reinen Heuchelei.

Nun zu einem der Beispiele von Jules Henry. Boris hatte Schwierigkeiten, den größten gemeinsamen Teiler von 12/16 zu finden und er kam nicht weiter als auf 2 und den Bruch 6/8. Die Lehrerin fragte ihn ruhig, ob er den Bruch nicht weiter kürzen könne. Sie schlug ihm vor, noch etwas ›nachzudenken‹. Die Hände vieler anderer Kinder schossen bereits in die Höhe. Sie waren alle darauf erpicht, ihn zu korrigieren. Boris fühlte sich ziemlich elend, wahrscheinlich hatte er einen Black-out.

Die Lehrerin blieb weiterhin ruhig und geduldig und ignorierte die anderen. Sie konzentrierte sich ganz mit ihrem Blick und ihrer Stimme auf Boris: »Gibt es eine größere Zahl als 2, durch welche man die beiden Teile des Bruches dividieren kann?« Nach kurzer Zeit drängte sie ihn etwas mehr, doch von Boris kam immer noch keine Antwort. Schließlich wandte sie sich der Klasse zu und fragte: »Nun, wer kann Boris sagen, welche Zahl es ist?« Erneut erhob sich ein ganzer Wald von Händen. Peggy wurde aufgerufen und antwortete prompt, dass die Zahl 4 als Teiler des Zählers und Nenners passe.

Das Versagen von Boris machte es für Peggy möglich, erfolgreich zu sein, seine Depression war der Preis für ihre Freude, seine Misere der Grund für ihr Frohlocken. Erfolg wird auf diese Weise durch das Versagen eines anderen erzielt. Für einen Indianer aus dem Stamm der Zuni, Hopi oder Dakota wäre Peggys Verhalten eine schreckliche Grausamkeit, denn Wettbewerb und das Erringen eines Erfolges durch das Versagen eines Mitmenschen ist eine Form der Folter, die ihnen fremd ist.

Das ist die Gewalt, die nicht als solche erkannt wird und dennoch Opfer hervorruft. Doch ohne Bewusstsein dafür kann die Gewalt in unserer Gesellschaft zum gängigen Verhaltensmuster werden. Wenn die gegenwärtige wirtschaftliche Krise auf den Rücken derer, die nichts haben, ausgetragen wird, dann steckt darin ebenfalls massive Gewalt. Aber wir sehen nur die offene körperliche Gewalt, wodurch wir unsere eigene nicht wahrhaben müssen. Doch erst wenn wir unser eigenes Verhalten als gewalttätiges erkennen und hierin unsere Gemeinsamkeit mit den offensichtlich Gewalttätigen entdecken, werden wir durch die selbst erlebte Scham diese Gewalttätigen erreichen können. Solange aber unsere Sicht auf die eigene Gewalttätigkeit versperrt ist, weil wir sie als berechtigten Wettbewerb und Leistungstrieb glorifizieren und den Profit als heiliges Ziel setzen, kann Scham nichts bewirken. Die Gewalt, die in den Strukturen unserer Kultur verankert ist, negiert den Schmerz, den diese erzeugt.

Die gewalttätigen Extremisten sind genauso ein Produkt ›zivilisierter‹ Zwänge, wie die ›friedlichen‹, angepassten, aber verhüllt agierenden Gewalttäter. Und sie reizen die offen Gewalttätigen durch ihr Verhalten. Beide sind eine Reaktion auf die Gewalt, die ein Bewusstsein, das auf Empathie beruht, zerstört. Beide idealisieren Stärke und Macht als Gegenmittel zu dem Verlust einer ursprünglichen Sicherheit. Beide sind betroffen von der Unsicherheit, der sie schon von Geburt an ausgesetzt waren, und sie idealisieren, was sie zerstört hat. Die Angepassten werden allerdings durch Abstraktionen von den destruktiven Konsequenzen ihres Tuns ferngehalten.

Eigenartigerweise identifizieren sich vor allem Menschen, deren Existenz von Terror bedroht ist, mit der sie bedrohenden Instanz und geben ihre Identität einer vermeintlichen Rettung wegen auf. Der Dichter Rainer Maria Rilke erfasste diesen Umstand in der »Weise von Liebe und Tod des Cornets Christoph Rilke«.[187] Auf einem Kreuzzug wird dieser Cornet von muslimischen Feinden umzingelt. Die blitzenden Säbel, die auf ihn einschlagen, nimmt er als lachende, auf ihn rieselnde Wasserfontänen wahr. Rilke beschreibt hier, dass wir blind werden, um den Terror, der unsere seelische Einheit bedroht, nicht zu registrieren und um eine Einheit mit dem Anderen zu halluzinieren, der uns in Wirklichkeit aber bedroht.

Zur Gewalt neigende Extremisten lehnen ihre eigene Menschlichkeit ab, weil sie einst zur unmittelbaren Bedrohung wurde. Deshalb suchen sie in dem Anderen, der seine Menschlichkeit offen nach außen trägt, ein Feindbild und finden so einen Weg, die eigene abgelehnte Menschlichkeit weiter zu bekämpfen. Solche Menschen beschwören, um sich auf diesem Weg von dem verbotenen Eigenen zu befreien, rückhaltlos den Gehorsam zur Autorität. Und so verkehrt sich der Terror der Kindheit in eine Tugend des Gehorsams. Zeit ihres Lebens kämpfen sie deswegen gegen einen Feind außerhalb ihrer selbst. Sie befinden sich in einem permanenten Kriegszustand.

Was diese offensichtlichen von den angepassten Gewalttätigen unterscheidet, nannte Freud Sublimierung. Wut und Aggression werden hier auf gesellschaftlich akzeptable Ziele umgepolt. Diese unterschiedlichen Bewältigungsstrategien hängen wiederum mit den frühesten Kindheitserfahrungen zusammen. Während die körperlich Gewalttätigen in ihrer Kindheit meist ebenfalls direkte körperliche Bestrafungen ertragen mussten, wurde die Entwicklung der Angepassten eher durch ein Erziehungsmodell, das mit Belohnungen arbeitet, vorangetrieben. Hier wird offene Gewalt verabscheut. Doch – und das wird viel zu selten erkannt – eine Belohnung hat ein ähnlich zwingendes Potential wie Gewalt. Der Unterschied besteht darin, dass man den Aggressor als solchen nicht identifizieren kann, da er sich das Kind im Namen der Liebe und sogar der Zärtlichkeit gefügig macht.

Was diese zwei Arten von Gewalt vereint – so unterschiedlich sie auch auf den ersten Blick scheinen mögen –, ist die jeweilige Ausrichtung auf ein Ziel: Herrschen. Ob nun mit physischen Mitteln oder ›zivilisiert‹ durchgesetzt, im Endeffekt gibt es keinen großen Unterschied. Liao Yiwu, der chinesische Dichter und Dissident, erinnert sich in seinem Buch

»*Für ein Lied und hundert Lieder. Ein Zeugenbericht aus chinesischen Gefängnissen*«[188], *an einen seiner Zellenchefs. Für diesen war es nur eine Frage des Glücks, ob man als Chinese erfolgreich würde oder in den Knast wanderte:* »*Bei Erfolg König, bei Misserfolg Bandit.*«[189]

Ein zynischer Satz, der aber doch auch etwas über die hintergründige gemeinsame Motivation der beiden Formen von Gewalttätern aussagt. Zugleich zeigt er, dass offensichtliche Gewalttäter oft erreichbarer sind, als die dem Wettbewerb und der Leistung angepassten. Diese sind oft unantastbar und können nur selten für ihre gewalttätigen Handlungen belangt werden.

Die hier beschriebenen Motivationen widersprechen dem, was wir gemeinhin als ›menschlich‹ bezeichnen. Balzacs Werke, um ein weiteres Beispiel aus der Literatur zu wählen, beschreiben die Entmythologisierung der Gier und des Profitdenkens der Bourgeoisie.[190] Und heute? Heutzutage proklamiert ein Milton Friedman, ähnlich wie der frühere US Präsident Ronald Reagan, dass unreguliertes Selbstinteresse das Allgemeingut fördere. Seiner Ansicht nach konnten die Finanzmärkte nichts Falsches tun. Amerikanische Eliten, so Fukuyama in einem Artikel, den er für »The American Interest« Anfang 2011 schrieb, nehmen sich selbst als Werte kreierende Menschen wahr.[191] Profit wird so als moralischer Wert deklariert.

Die Amerikaner dagegen, denen es wirtschaftlich nicht gut oder richtig schlecht geht, hoffen, irgendwann einmal in die elitären Kreise aufzusteigen, und wehren sich deswegen gegen jegliche Kontrolle der Finanzmärkte. Interessanterweise wurden die großen liberalen Reformen des 19. Jahrhunderts nicht durch revolutionäre Parteien auf den Weg gebracht, sondern durch konservative Staatsmänner, wie Bismarck in Preußen, Disraeli in England, Cavour in Italien. Auf diese Weise stellte sich die Arbeiterklasse auf die Seite der Betuchten. Als dann der materielle Reichtum in den Industriestaaten stetig wuchs – vor allem durch harte Arbeit, Nutzung neuer Rohstoffe und die Ausbeutung von Kolonien –, profitierte vor allem die Elite davon. Ihre ohnehin schon vorrangige Stellung vergrößerte sich in den darauf folgenden Jahren, sie kontrollierte die Medien, das Radio und das Fernsehen, und sie weitete ihren politischen Handlungsspielraum weiter aus, um den niedriger Gestellten, den Zugang zu finanziellen Besitztümern auch weiterhin zu verwehren. Letztlich wurde auf diese Weise der Zugang zu allem Empathischen, das heißt zu den wahren Aspekten ihrer Motivationen, effektiv verschlossen. Aus diesem Grunde zählt die Gier selbst heute als vollkommen berechtigte menschliche Motivation. Das Menschliche wird dadurch immer weiter in den Hintergrund gedrängt und in Abrede gestellt.

Nach der großen Depression um 1930 galt das Modell der Vollbeschäftigung als moralisches Kernstück des wirtschaftlichen Denkens: Jeder sollte die gleichen Möglichkeiten haben, Geld verdienen zu können. Doch mit der Wahl von Margaret Thatcher im Jahr 1979 und von Ronald Reagan im Jahr 1980 wurden das Modell und die moralische Idee dahinter aus dem Blickfeld der Bevölkerung verdrängt – und sind es seither geblieben. Charles Moore, der 20 Jahre lang Chefredakteur konservativer britischer Zeitungen war, schrieb jüngst:

> »Die Reichen werden reicher, aber die Löhne sinken. Die Freiheit, die dadurch entsteht, ist allein ihre Freiheit (der Reichen, Anm. A. G.). Fast alle arbeiten heute härter, leben unsicherer, damit wenige im Reichtum schwimmen. Die Demokratie, die den Leuten dienen sollte, füllt die Taschen von Bankern, Zeitungsbaronen und anderen Milliardären ... Die Banken sind ein Spielfeld für Abenteurer, die reich werden, auch wenn sie Milliarden verfeuern. Die Rolle aller anderen ist, ihre Rechnung zu bezahlen.«[192]

Der Bericht der US-Finanzbehörde aus dem Jahr 2005 zeigt, dass zwei Drittel des Einkommens aller Bürger an 0,1 Prozent der Bevölkerung und damit an die ohnehin schon Reichsten ging. Dieses reichste Tausendstel der amerikanischen Bevölkerung erwirtschaftete im Zeitraum von 1979 bis 2005 einen Einkommensanstieg um mehr als 400 Prozent. Das ist ungerecht und alles andere als moralisch. Aber bereits Ronald Reagan hatte die enorme Fähigkeit, widersprüchliche Dinge zu sagen und sich selbst dadurch ins rechte Licht zu rücken. Er konnte die Bürger der USA bei seiner Wahl überzeugen, dass es die abzulösende Regierung gewesen sei, die das Haupthindernis für die Erfüllung ihrer persönlichen Wünsche darstellte. Gier und grenzenloser Individualismus wurden somit in kleinen Schritten nicht nur zu akzeptablen Größen, sondern auch zu den grundlegenden moralischen Werten der amerikanischen Seele.

So wundert sich heute scheinbar keiner mehr darüber, dass Großkonzerne Erträge in Milliardenhöhe machen und nur die Hälfte der gesetzlich vorgeschriebenen Steuer von 35 Prozent bezahlen müssen, und zudem manchmal sogar noch Unterstützung von der Regierung erhalten. 67 dieser Konzerne bezahlten weniger als 10 Prozent Steuern, einige überhaupt keine.[193] Dennoch ändert sich nichts, und immer die gleichen Menschentypen mit den gleichen Prinzipien bleiben an der Macht. Dass so viele der US-Bürger, aber auch Menschen in anderen Ländern, ganz offensichtlich gegen ihre eigenen Interessen wählen, ist auf die zwanghafte Identifikation mit Autoritäten und die unterentwickelte eigene Identität zurückzuführen. Weil sie keinen Zugang zu ihren empathischen Wahrnehmungen haben, leben so viele in einer Scheinwelt. Ihr Bewusstsein ist durch ein abstraktes Denken geformt, in dem Geld und Besitz die Hauptrolle spielen.

Daniel Kahneman erhielt 2002 den Nobelpreis für Wirtschaft, weil er das klassische ökonomische Denken als realitätsfernes Konstrukt entlarvte. Damit wies er nach, dass in einem freien Markt der Preis von Dingen eben gerade keinem rationalen Kalkül unterworfen ist. Er glaubt jedoch immer noch, dass es ein Naturgesetz sei, einem Objekt höchsten Wert zu geben, wenn wir es selbst besitzen statt jemand anderes. Indem er dies nicht hinterfragt, bleibt er aber gefangen in einer Abstraktion, die entwickelt wurde, um Besitz und die Kluft zwischen Arm und Reich zu legitimieren. So reduziert auch Kahneman unser Bewusstsein und baut eine Psychologie unseres Verhaltens auf, in der Empathie keine wirkliche Rolle spielt.[194] Obwohl er durch die Entwicklung seiner Theorien und Experimente das klassische Denken über den freien Markt zerstörte – also das Modell des rational nach Kosten und Nutzen handelnden »homo oeconomicus«, der nun mal nicht real existent ist –, konnte er die eigentlich damit einhergehende Entlarvung des falschen Denkens über Besitztum in unserer Gesellschaft nicht infrage stellen. Dafür brauchen wir die Erkenntnis, dass unser in uns selbst und in unserer Kultur vorgeformtes Bewusstsein unser Denken bestimmt.

Wie schon beschrieben, ist unsere Sprache selbst ein Faktor in diesem Vorgang, weil Sprachen eine Dynamik entwickeln können, die, von der Kultur gefördert, unsere Abspaltung vom Empathischen widerspiegeln, verstärken und beschleunigen. Am Max-Planck-Institut in Nijmegen belegte jüngst (2011) eine psycholinguistische Forschergruppe, dass die kulturelle Vorgeschichte eine ganze Sprache prägt. Und, wie Whorf es so klar zeigte, gibt es noch Sprachen, wie die der Hopi, die nicht vom Empathischen getrennt sind.[195]

Interessant und zugleich besorgniserregend ist eine Handlungstendenz, die immer dann auftritt, wenn Menschen vom Empathischen getrennt sind und sie mit der Widersprüchlichkeit abstrakter Formeln konfrontiert werden (wie z. B. dass Profit und Wettbewerb gut für die Menschheit seien, dass das Töten in Kriegen Demokratie unterstütze). Immer dann nämlich versuchen sie plötzlich, sinnstiftend zu wirken, in dieser so sinnentleerten Welt. So begegnen uns in Wirtschaftskrisen und Notzeiten, wenn der eigene Status oder gesellschaftliche und persönliche Rollen auseinanderzufallen drohen, Menschen, die plötzlich abergläubisch werden oder sich ihre ganz eigene Logik für all das zusammen spinnen.

Um diesen Krisenzeiten einen Sinn geben zu können, setzen sie willkürlich irgendwelche Ereignisse miteinander in Zusammenhang, die ganz rational betrachtet nichts miteinander zu tun haben. Dadurch werden aber Feindbilder herauskristallisiert, und man hat etwas, worauf der Hass aufbauen kann. Der Hass, der zugunsten der Anpassung vorher verneint wurde, wird gerade in solchen Situationen von politischen Führern angeheizt und für eigene Machtbestrebungen genutzt. Ein kritischer Verstand wird in solchen Zeiten der vermeintlichen Not als schwächend und hinderlich ausgemacht. Führerfiguren, die mit Mystik und leidenschaftlichem Hass den Finger immer tiefer in die Wunde halten, werden dagegen für ihre Dynamik, ihre Vitalität und ihren Kampfgeist bewundert. Die alten Wahrheiten werden als überflüssig empfunden, weil aus ihnen keine Flammen der Emotionen schießen.

Um Halt im Dasein zu finden, werden das Messianische, das Brutale und das Zerstörerische als Leben gebend empfunden. Manche glauben dann, ein Gefühl der Vollkommenheit, der persönlichen Integration und der Reinheit durch Destruktivität zu verspüren.

»... EIN HUNGERSTREIK GEGEN DEN HUNGER«

Der amerikanische Schriftsteller William Styron schrieb, wir wären unfähig, die Welt tatsächlich zu erfassen, weil wir den Kontakt zu unseren empathischen Wahrnehmungen verloren hätten.[196] Wir spürten zwar, dass etwas verkehrt ist, seien aber in eine Sichtweise eingebunden, die von vorgeformten abstrakten Ideen über uns und die Welt bestimmt ist. Das führe irgendwann dazu, dass sich diese fühlbar wachsende innere Irritation durch aggressives Verhalten erleichtere. Und genau hier entsteht die unheilige Allianz zwischen Führern, die dieses Ventil zu eigenen Machtzwecken missbrauchen und den von inneren Nöten getriebenen Menschen, die ihren Zugang zum Empathischen verloren haben.

In seinem Buch »The Suicide Run: Five Tales of Marine Corps« erzählt die Figur eines Marinesoldaten in der Geschichte »Marriott, the Marine« von der empathischen Verkrüppelung der Menschen:

> »... Uns alle verband ein einziges, schockartig entstandenes Bewusstsein, nämlich, dass wir zum zweiten Mal innert weniger als zehn Jahren mit der Aussicht auf einen grauenhaften Tod konfrontiert waren (es handelt sich um die Zeit des Vietnamkrieges, Anm. A. G.). Abstrakt ausgedrückt war die Aussage möglich, dass es unser eigener Fehler sei, hier zu sein. Doch plötzlich, während mein Blick von einem Gesicht zum anderen in dieser mürrisch murmelnden Versammlung von falsch plazierten Zivilisten schweifte ..., wurde ich von einer Vorahnung über unsere Gegenwart in dieser sumpfigen Wildnis gepackt, die sofort über jedes unserer individuellen Schicksale hinausging und es absurd erscheinen ließ ja, sogar auch unsere kollektive Bestimmung. Denn es schien mir, dass wir alle zugleich Ausführende und Opfer einer unkontrollierten Aggression seien, dass ein hungriger Wille zum Blutvergießen nicht nur durch Amerika, sondern die ganze Welt strömte.«[197]

Wir können uns nicht mit dem Schmerz konfrontieren, da wir ihn als Schwäche identifizieren. Noch einmal: Proust hat den Versuch der Kompensation ganz richtig verstanden, als er schrieb, dass wir unsere Schmerzen von denen gelindert haben möchten, die ihn uns zufügten. Unser Gehorsam, eine Folge der Identifikation mit dem Aggressor und Unterdrücker, bringt Menschen immer wieder dazu, trotz Rebellion, weiter nach einer Autorität zu suchen. Damit wiederholt sich der Teufelskreis der Unterdrückung. Es ist ein grundsätzlicher Schmerz, der darauf zurückzuführen ist, dass in unseren Zivilisationen Bedürfnisse von Geburt an, die den Erwartungen der Eltern widersprechen, nicht befriedigt werden.

Um den Schmerz zu ertragen, werden diese Bedürfnisse zurückgedrängt, als falsch eingestuft und deswegen mit Abscheu belegt. Der Zugang zu diesem Schmerz wird so langfristig immer schwerer bis unmöglich. Ein weiterer meiner Patienten erzählte von einem Traum: »Ein Kind war allein und wurde gefragt, was es möchte. Es antwortete, dass es alleine sein wolle, weil es seine Gefühle nicht ausdrücken könne. ›Oh,‹ antwortete der Fragende, ›ein Hungerstreik gegen den Hunger‹.« Der Patient erzählte weiter: »Nachdem ich aufgewacht war, wusste ich sofort, dass dieser Traum wichtig war. Mir wurde klar, dass man seine eigenen Bedürfnisse zurückschraubt, um den Schmerz abzuwenden, der dann entsteht, wenn diese Bedürfnisse nicht erfüllt werden. Man sehnt sich so sehr nach der Erfüllung, dass es anders kaum auszuhalten ist.«

Wir sehen hier, wie die Strukturen des Bewusstseins ganz früh durch den Umgang mit Schmerz geformt werden. Weil das Kind schon früh darauf konditioniert wird, den eigenen Schmerz zu unterdrücken, der aus der mangelnden Wahrnehmung seiner Bedürfnisse entsteht, wird der Zugang zu empathischen Wahrnehmungen versperrt. Ein Kind wird auf diese Weise in die Richtung des abstrakten Denkens geschoben. Wehrt es sich doch dagegen, ohne recht zu wissen, wo die Gründe für die Abwehr liegen und was da eigentlich bekämpft wird, wird dieses Kind höchstwahrscheinlich spätestens im Erwachsenenalter zu einem der sogenannten psychologischen Problemfälle: Neurotiker, Borderliner, Schizophrener.

In einer Forschungsarbeit konnte nachgewiesen werden, dass Säuglinge im Alter von zwölf Monaten mit erhöhter Gehirnaktivität auf die Abscheu ihrer Eltern reagieren.[198] Wurde dieses Verhalten der Eltern an einen bestimmten Gegenstand geknüpft, wie zum Beispiel ein Spielzeug des Kindes, reagierte es auch zukünftig mit erhöhter Gehirnaktivität auf dieses Spielzeug. Wenn sich die Eltern dagegen neutral oder mit Wohlwollen einem Spielzeug gegenüber verhielten, zeigte sich keine erhöhte Gehirnaktivität bei dem Kind.

Ohne näher darauf einzugehen, geht aus der Studie außerdem hervor, dass gerade jene Kinder, die am stärksten auf die Abscheu der Eltern reagierten, jene waren, die schon vorher vom emotionalen Verhalten ihrer Eltern geprägt gewesen waren. Die Arbeit zeigt deswegen nicht nur, dass Kinder ganz gezielt auf die emotionale Stimmung ihrer Eltern reagieren, sondern auch, dass es dabei Unterschiede gibt. Je nachdem, ob und wie ein Kind gelernt hat, die Emotionen der Eltern zu achten, spricht es darauf an. Das würde bedeuten, dass sich auch Negativerfahrungen gehirnphysiologisch bei den Kindern einprägen. Und das wiederum zeigt uns, wie tief ein reduziertes Bewusstsein im Geflecht der ›totalen‹ Physiologie und in den Persönlichkeitsstrukturen eines Menschen verankert ist.

In einer Studie an Ratten zeigte sich sogar, dass mütterliches Verhalten das Verhalten ihrer Nachkommenschaft gegenüber Stress über Generationen hinweg bestimmen kann.[199] Wenn Mütter ihre Jungen genügend leckten und stillten, waren diese weniger ängstlich als jene, die weniger mütterliche Zuwendung erhielten. Entsprechend setzten die Jungen, wenn sie selbst Mütter wurden, dieses Verhalten fort. Es lässt sich hier im Kleinen beobachten, was bei uns Menschen ähnlich passiert: Die Grundlage der Persönlichkeitsstruktur und die Bewusstseinsunterschiede sind offenbar maßgeblich von der Zuwendung der Mutter abhängig. Der taktile Kontakt ist die Basis für die Entwicklung eines Bewusstseins, das der

Umwelt entgegenkommen kann. Bleibt dies aus, muss der Säugling versuchen, diese zu beherrschen, um die Angst zu bändigen. Und daraus entstehen Persönlichkeitsstrukturen, wie sie Ibsen in seiner Figur Peer Gynt veranlagt hat: Besitz und Herrschaft über andere oder die Natur werden zur Lebensaufgabe, um eine tief sitzende, verborgene Angst und Unsicherheit zu neutralisieren. Daraus resultiert eine nicht enden wollende Zerstörungswut.

Es ist durchaus möglich, dass das Aussterben der Neandertaler mit einem weniger stark im Feinddenken wurzelnden Bewusstsein zu tun haben könnte als es bei uns der Fall ist. Nach einer These des Biologen Portmann werden wir modernen Menschen zu früh geboren und benötigen deswegen eine lange und behütete Kindheit.

Dagegen scheint es bei dem Neandertaler eine längere Schwangerschaft gegeben zu haben, die mindestens zwölf Monate dauerte.[200] Wenn diese längere Schwangerschaft zu einer Entwicklung führte, wodurch der Neandertaler mit einer von Grund auf größeren persönlichen Sicherheit zur Welt kam, dann müsste er auch ein Bewusstsein entwickelt haben, das auf Verbindungen zu empathischen Wahrnehmungen basierte. Wenn beim modernen Mensch eine Bewusstseinsteilung zustande kam, weil das Bemuttern durch die Zivilisationsentwicklung gestört wurde, mag das auch mit dem Verschwinden der Neandertaler zu tun haben. *Ihr* Aussterben wird um die Zeit vor 18 000 bis 30 000 Jahren datiert. Vielleicht war das auch der Anfang der Entwicklung, die zu den ›zivilisierten‹ Gesellschaftsstrukturen unserer eigenen Vorfahren führte.[201]

Diese, unsere eigene Entwicklungsgeschichte, so könnte man also sagen, dreht sich um die Varietät des Bindungsverhaltens. Wenn dieses Bindungsverhalten Entgegenkommen zu den Bedürfnissen des Kindes beinhaltet, dann entsteht wirkliche Liebe. Wenn aber das Verhalten der Mutter und des Vaters von ihren eigenen Statusbedürfnissen gesteuert wird, dann entsteht das, was J. C. Rheingold »Falsche Liebe« nannte.[202] Diese reduziert das Bewusstsein des Kindes auf kognitive Abstraktionen und führt zu der Entwicklung von beidem: Gehorsam und Besitz, um Sicherheit zu garantieren. Dieses reduzierte Bewusstsein beinhaltet auch Hass gegen das eigene Bedürfnis nach Liebe und gegen jene, die bedürftig sind. Feinddenken ist seine Kerncharakteristik.

Wer sich einerseits innerlich gegen diese Form der Liebe wehrt und andererseits eng an den Versorgenden gebunden ist, findet nur auf selbstdestruktivem Wege eine Möglichkeit, den berechtigten Widerwillen auszudrücken. Diese rebellische Entwicklung stuft unsere Zivilisation als pathologisches Verhalten ein, beispielsweise als Autismus oder als Schizophrenie. Auf diese Weise müssen sich unsere Gesellschaften nicht selbst infrage stellen.

GOETHE, HAMLET UND DER TERRORISMUS – ÜBER DIE SPALTUNG UNSERES BEWUSSTSEINS

Die Spaltung in unserem Bewusstsein hat politische Auswirkungen, denn sie bestimmt die ›Realpolitik‹, mit der unser Leben täglich tiefer in eine Spirale der Gewalt gerät. Diese ›Realität‹ erweist sich jedoch als undurchdringlich, weil ihre Protagonisten sich mit dem Gewand der Teilnahme an menschlichem Leid schmücken. Liebe wird dabei zum Beileid für Leiden pervertiert. Doch dieses Leiden selbst ist viel mehr reines Selbstmitleid für die eigenen Schwächen. Diese sind nur Schwächen, weil abstrakte Werte über Größe verletzt werden. Die Niederlage im Ersten Weltkrieg erlebten viele Deutsche beispielsweise als persönliche Niederlage und entließen dadurch die eigentlichen Führer und Entfacher dieses Krieges aus ihrer Verantwortung. Dasselbe geschah, als Hitler dieses Selbstmitleid über einen vermeintlichen Verlust des Selbstwertes des Deutschen zum Kern seiner Kriegspolitik machte und damit Erfolg hatte. Nur so lassen sich die Szenen beschreiben, wie diejenige, die ich selbst als Jugendlicher miterlebte. Ich hörte eine Rede im Berliner Sportpalast von Göring. Plötzlich brüllte er: »Was wollt ihr, Butter oder Kanonen?« Die Menge brüllte unisono zurück: »Kanonen!«[203]

Henry Kissinger schrieb über das Massaker von 1989 auf dem Tian'anmen-Platz in Peking:

> » ... die Besetzung des wichtigsten Platzes der Hauptstadt eines Landes ist, auch wenn sie völlig friedlich verläuft, zugleich eine Methode, um die Machtlosigkeit einer Regierung zu demonstrieren, sie zu schwächen und sie zu übereilten Handlungen zu verleiten, die sich im Nachhinein als verhängnisvoll erweisen können.«[204]

Auch Kissinger reduzierte die Wirklichkeit und konnte die von Herzen kommende Motivation der Demonstranten nur als ein Manöver wahrnehmen, die Macht übernehmen zu wollen. Und die Liste der Beispiele reißt nicht ab: Auch Salvador Allende war für Henry Kissinger bloß ein Hindernis für das Durchsetzen der Interessen der Mächtigen Chiles und deshalb initiierte er dessen Absetzung und Ermordung am 11. September 1973.

NOCHMALS ZURÜCK ZU GOETHE

Wir haben es bisher hier mit Menschen zu tun, deren Bewusstsein völlig auf den abstrakten Ideen der Notwendigkeit von Macht als Mittel beruht, um die eigene Unsicherheit in den Griff zu bekommen. Zugleich spielen sie durch Lippenbekenntnisse mit den Bedürfnissen ihrer Mitmenschen. Ich beziehe an dieser Stelle Goethe mit ein, weil er ein ganz besonderer Mensch war. Er war eine intellektuell brillante Person und verstand es, Emotionen zu artikulieren. Zugleich aber verkaufte er sein Herz für Status und Reichtum und erachtete Leid und Schmerz als Hindernisse. Ortega y Gasset schrieb, dass Goethe keine eigenen Schwächen zulassen konnte, auch bei anderen Menschen Stärke erwartete und eine außerordentliche Geschmeidigkeit besaß, sich an Machtverhältnisse anzupassen. In gewissen Kreisen und zur Steigerung des eigenen Einflusses, ließ er dann Sätze voller Emotionen verlautbaren, die jedoch nur dahergesagte Phrasen waren. Denn er fühlte nicht selbst, sondern wusste nur, was zu fühlen sei. Deswegen erfolgte das schon eingangs erwähnte Urteil von Lenz, dass Goethe um der Anpassung willen sein Sein verleugnet hatte.

Der Versuch einer umfassenden Morphologie ist wohl sein größtes Projekt gewesen, in dem er scheinbar die Sicherheit fand, die ihm sonst im Leben fehlte. 1794 schreibt Friedrich Schiller an Goethe einen Kommentar zu dessen naturwissenschaftlichen Ausführungen:

> »Von der einfachen Organisation steigen Sie, Schritt vor Schritt, zu den mehr verwickelten hinauf, um endlich die verwickeltste von allen, den Menschen, genetisch aus den Materialien des ganzen Naturgebäudes zu erbauen ... eine große und wahrhaft heldenmäßige Idee ...«[205]

Goethe selbst formulierte 1796 in einer Tagebuchaufzeichnung, wie er die Gestaltgesetze der Natur in ihrer Steigerung von einfacher zu immer höherer Formung zu fassen gedachte: »Die Morphologie soll die Lehre von der Gestalt, der Bildung und Umbildung der organischen Körper enthalten, sie gehört daher zu den Naturwissenschaften.« Damit förderte Goethe eine Sicht, die es ihm ermöglichte, seine eigene Entwicklung, und die aller Menschen, als eine zu sehen, die zum Perfektionismus der Gestaltung führen würde. Es handelt sich hier wiederum um eine Abstraktion, die ihn aus Leid und Schmerz retten sollte, die er nicht ertrug.

Was leider viel später eine Folge dieser Form des Denkens wurde, waren die Entartungsvorstellungen bei fehlendem Selektionsdruck nationalsozialistischer Prägung. Botaniker wie Wilhelm Troll, der Psychiater Kurt Hildebrandt und der nationalsozialistische Rektor Karl Lothar Wolf der Christian-Albrechts-Universität in Kiel, entwickelten entsprechende Degenerationstheorien. Diesen Theorien entstammten die Maßnahmen zur Entfernung unwerten Lebens aus der Ordnung der Volksgemeinschaft.

Es wäre zweifellos zu kurz gegriffen und zudem sachlich unhaltbar, eine lineare Entwicklung von Goethe hin zu den Nazis anzunehmen. Zweifellos hat Goethe diese menschenverachtende, rassenhygienische Entwicklung, die von der Idee einer gesteigerten Optimierung ausging, weder vorausgesehen, noch hätte er sie aus seinem Verständnis von Humanismus und Aufklärung gutheißen können. Die Idee der Optimierung des Menschen ist eine ebenso erstaunliche wie gefährliche Abstraktionsleistung, die in ein Handeln umschlagen kann, das sich durch nichts rechtfertigen lässt. Ein solches unmenschliches Handeln lässt sich vielleicht nur noch so erklären, dass die Täter jegliche empathische Verbindung verloren haben.

Dass Goethe vom reduzierten Bewusstsein mehr als wir glauben möchten, diszipliniert war, zeigt die Geschichte um den vierten Geburtstag seines Sohnes August. Er wollte ihm eine Spielzeug-Guillotine schenken. Seine Mutter sollte sie besorgen. Sie zeigte sich empört. Es erschien ihr abscheulich, den Jungen mit solch einer Mordmaschine spielen zu lassen. Bei Goethe stieß sie mit ihrem Einwand auf Unverständnis. Was bedeutet das nun für unser Bild von Goethe, den wir als feinfühlend und empathisch in Erinnerung haben? Seinem Sohn ein Mordinstrument zum Spielen zu geben, bringt unser gefestigtes Goethebild ins Wanken.[206]

Abstraktionen, die von der Fähigkeit, sich in andere Menschen einzufühlen, getrennt sind, dienen dazu, eine innere Unsicherheit, die nicht zugegeben werden kann, zu verdecken und zu übertrumpfen. Diese Verbindung zum Verlust eines ursprünglichen Vertrauens führt dazu, dass die resultierende Abstraktion zur Gefahr wird. Da unsere Kultur die Ideen von Größe, Wachstum und Herrschaft zum Leitmotiv des Lebens gemacht hat, wird das aber nicht gesehen.

NOCH EINMAL HAMLET

In der Fiktion finden wir ein schönes Beispiel von Menschen, deren Bewusstsein von beidem, Abstraktionen wie auch Verbindungen von Einfühlung, gesteuert wird. Das führt natürlich zu gewaltigen inneren Konflikten, die oft nur durch Selbstzerstörung gelöst werden. Wir haben es bereits eingangs gesehen: Shakespeares Hamlet ist zwischen der Abstraktion seines Vaters über männliche Ehre und seiner Verbindung zu seiner empathischen Wahrnehmung über die menschliche Beziehung zu seinem Onkel in einen unlösbaren Konflikt geraten. Hier haben wir die Situation von Menschen, deren Bewusstsein gespalten ist. Diese Spaltung aber beinhaltet Hoffnung, denn das Empathische kann durch Erlebnisse und die Teilnahme anderer Menschen, die bereit und fähig sind, sich in andere Menschen einzufühlen, gestärkt werden. Deswegen sind Politiker, die ihr empathisches Bewusstsein nicht verleugnen, so wichtig für unser Überleben. Denn indem Menschen ermutigt werden, zu ihren empathischen Bindungen zu stehen, können wir unsere demokratischen Strukturen stärken.

MÄNNLICHE EHRE UND ANDERE AMMENMÄRCHEN

Um was geht es bei der Ehre? Warum töten Menschen ihretwegen? Offenbar hat es mit dem persönlichen Wertgefühl und dem Gefühl für die eigene Identität zu tun. Ferner fühlen sich vor allem Männer, weniger Frauen, so sehr verletzt, dass sie andere töten müssen. Diese Verletzung, die dem Töten vorausgeht, muss gar nicht durch Worte erfolgen. Ein Teil des Selbstbildes eines Mannes kann es beispielsweise sein, eine Frau zu besitzen. Versucht eine Frau, sich von dem Mann mit den Besitzansprüchen zu befreien, führt dies dazu, sie ermorden zu müssen.

Daran sollten wir erkennen, wie tief »Besitz« in das Selbstbild eines Mannes eingebunden ist: Dieser Besitz bezieht sich nicht nur auf Dinge, Tiere, Menschen. Wer im und durch den Besitzwahn lebt, glaubt sich im Besitz von Kräften, die auf einem Selbstbild basieren, das man für sich selbst entwirft. Und an dieser Pose hält man fest, denn ohne sie geriete man in Zweifel über sich selbst und würde in eine unmögliche Leere verfallen. Darum müssen Menschen darauf bestehen, dass ihre Posen der Wirklichkeit entsprechen, ja die Wirklichkeit selbst sind. Wer diese Pose – ihre eigens geschaffene Wirklichkeit – infrage stellt, gefährdet die Ehre der Poseure.

Das schrecklichste Beispiel für diese Pose ist Hitler. Im Grunde war Hitler ein Mensch voller Selbstzweifel und von Unfähigkeit geprägt, Entschlüsse durchzuführen. Seine Metamorphose zu einer Pose der Kraft, des Willens, der Entscheidung hat Albert Krebs eindringlich und überzeugend beschrieben.[207] Hitler verwandelte sich vor seinen Augen von einem hypochondrischen, von Angst befallenen Mann zum unerschütterlichen, eisernen, pflichtbewussten »Führer«. In »Mein Kampf« stilisierte Hitler sich zu einer außerordentlichen, begnadeten Persönlichkeit, die eine historische Mission zu erfüllen habe. Diese Rolle vermarktete er nach seiner Entlassung aus dem Landsberger Gefängnis. Je mehr sich seine Pose als ›wahre‹ Identität einnistete, desto rasender wurden seine Wutanfälle, wenn diese ›neue‹ Identität auch nur andeutungsweise infrage gestellt wurde. Hitler schrieb in »Mein Kampf«: »Ich habe zu dem, was ich mir so einst schuf, nur weniges hinzulernen müssen, zu ändern brauche ich nichts.«[208] Deswegen hatte Hitler maßlose Angst, auch nur ein einziges Mal einen Irrtum eingestehen zu müssen.[209] Besteht ein Selbst auf seinen zur Schau gestellten Posen, kann es sich nicht wirklich begegnen: Täte es dies, müsste es seine innere Leere wahrnehmen und erkennen.

Der Soziologe Charles Wright Mills meinte, solche Menschen pochten ständig auf Anerkennung, weil sie ihr Selbst permanent davon überzeugen müssten, das Gegenteil dessen zu sein, was sie wirklich sind. Ihre Wirklichkeit wäre eine absolute Leere, die sie in den Selbstmord triebe.[210] Je überzeugender jemand seine Pose präsentiert, desto mehr wirkt sie auf Personen, die bereits vom Posieren geprägt sind, als Beweis einer Stärke. Solche Menschen betrachten deswegen diejenigen als Retter ihrer eigenen seelischen Not. Als Hitler am 10. September 1942 bei einer Lagebesprechung im Hauptquartier »Werwolf« mit einem Beweis der wachsenden sowjetischen Stärke konfrontiert wurde, ging er mit Schaum vor dem Mund und mit geballten Fäusten auf den Vortragenden los und verbat sich solch ein idiotisches Geschwätz. Alle anwesenden Generäle und Feldmarschälle waren von seiner unüberwindlichen Pose überzeugt.[211] Wie in allen Fällen des reduzierten Bewusstseins setzt sich das Selbst gleich einem Mosaik aus abstrakten Ideen über das, ›was‹ man ist, zusammen. Da kein Inneres existiert, wird die Notwendigkeit immer drängender, auf der Pose zu insistieren. Unfehlbarkeit wird so zum Markenzeichen aller der Pose ergebenen Führer, gleichgültig ob es sich um politische Führer oder Manager in der Wirtschaft handelt.

Albert Krebs berichtet außerdem von einer Rede, die Hitler Ende Juni 1930 hielt: »Und somit proklamiere ich jetzt für mich und meine Nachfolger in der Führung der NSDAP den Anspruch auf politische Unfehlbarkeit. Ich hoffe, dass sich die Welt daran so schnell und widerspruchslos gewöhnt, wie sie sich an den Anspruch des Heiligen Vaters gewöhnt hat.«[212]

Leiden die Chefs etlicher Weltfirmen nicht unter fast denselben (Wahn-)Vorstellungen? Daniel Goeudevert, selbst ein früherer Wirtschaftsmanager, der an diesen Imagespielen nicht weiter teilhaben wollte, beschreibt, wie für ausscheidende Manager der Imageverlust im Grunde zum Identitätsverlust wird.[213] Hinter jedem reduzierten, auf abstrakten Formeln beruhenden Bewusstsein stecken Aggression, Wut und letztlich auch Hass. Ein Mensch, der sein Selbst aus abstrakten Ideen zusammenbastelt, ist ein moralischer Krüppel. Er kann nicht lieben, nur so tun, als ob er liebt. Feinddenken ist nicht nur ein Resultat seiner Unfähigkeit, Leid und Schmerz wirklich nachzufühlen. Sein Feinddenken ist auch dazu da, seiner Leere, die daraus resultiert, ausweichen zu können.

Leider aber tarnen sich die Unfähigkeit zu lieben und der sie begleitende Hass auf das Menschliche in einem Scheinbild, das vorgaukelt, mitmenschlich um unsere Zukunft besorgt zu sein. Dadurch werden die armen Gläubigen, die ja in Not sind, an der Nase herumgeführt. Nicht nur Hitler tat dies, auch Maggie Thatcher befreite ihre Anhänger auf diese Weise von der Last des Mitfühlens. »Christentum bedeutet Erlösung im Glauben und nicht soziale Reform,« behauptete sie und fuhr fort: »Die Kennzeichen des christlichen Lebens entstammen nicht dem sozialen, sondern dem geistigen Bereich unseres Lebens.«[214] Indem Thatcher Gefühle und Denken abspaltete – Erlösung liege im Glauben und soziale Gerechtigkeit habe mit der Lehre Christi nichts zu tun –, konnten sich ihre Anhänger trotz Armut und Unrecht gut im Herzen fühlen. Damit drängte die eiserne Lady Mitgefühl als Basis unseres gemeinschaftlichen Lebens aus der Welt. Ihre ›Kraft‹ hingegen zeigte sie durch ihr ›heroisches‹ Vorgehen im Falkland-Krieg, als sie England und die ganze Welt glauben machen wollte, dem argentinischen Regime die Stirn bieten zu können.

DIE MÄNNLICHSTE ALLER SACHEN – DAS SOGENANNTE HELDENTUM

Margaret Thatcher wollte wie ihre männlichen Pendants auch zur historischen Figur, zur Heldin werden. Wer mit der Pose der Kraft agiert, wird sich bald auch in seiner Fantasie in das

Heldentum und den Wunsch, Held zu sein, versteigen. Eigentlich sind wir darauf geprägt, Heldentum als etwas Beschützendes zu erleben; wir feiern den Helden deswegen, wir verehren ihn, und doch ist der Held meist ein unpersönlicher Mensch. Selbstverständlich gibt es Taten, bei denen ein Mensch einem anderen hilft, ohne zuerst auf die eigene Sicherheit bedacht zu sein. Diese spontane Geste der Mitmenschlichkeit hat nichts mit Posieren zu tun. Das wäre der Fall, wenn man andere nur deshalb rettet, damit die eigene Heldenpose bewahrt bleibt.

»Man lebt sein politisches Leben«, schrieb Robert Musil, »wie ein ... Heldenepos, weil das Heldentum die unpersönlichste Form des Handelns ist.«[215] Solche Menschen sind beziehungslos, ihre Simulation von Menschlichkeit aber trübt unseren Blick, gerade weil wir am Heldentum so sehr festhalten. Wolfgang Nagel schildert einen ehrgeizigen Vater, der seinen Sohn in den Heldentod trieb.[216] Der Vater selbst war aus einem Gefühl der Minderwertigkeit Nationalsozialist geworden; seinem Held-Sein entzog er sich durch Krankheit und wurde deswegen nie eingezogen. Stellvertretend sollte sein Sohn ein Held werden. Deswegen trieb er ihn an, sich freiwillig bei der Armee zu melden, um Offizier zu werden. Den Krieg mit all seinem Terror und all seiner Not durchlebte der Sohn und bat den Vater, ihm ein »C-Telegramm« zu schicken, damit er mit Verweis auf erlittene Bombenschäden Urlaub bekomme. Durch dieses Ansinnen fühle er sich beschämt, antwortete der Vater. Kurz darauf fiel der Sohn. Der Vater berichtete der Zeitung voller Stolz vom Heldentod des Sohnes.

Solche Menschen brauchen das Leben, um es töten zu können. Sie müssen andere zerstören, weil sie sich selbst als fühlende Wesen ausgelöscht haben und nur auf abstrakte Weise weiterleben können. Hinter dem Heldentrieb liegen

Schmerz und Terror. Mangel an Liebe rufen sie hervor. Aber gerade dieser Mangel an Liebe kann nicht ertragen werden. Deswegen erfolgt die Flucht in abstrakte Formeln hinein, denn dadurch entkommt man dem, was so unerträglich ist.

DAS REDUZIERTE BEWUSSTSEIN:
EIN BEISPIEL

Wir sind rundherum vom reduzierten Bewusstsein umgeben. Dazu ein konkretes Beispiel: Vor kurzem erschien die Arbeit »The Better Angels of our Nature: Why Violence has Declined« von Steven Pinker, einem Psychologieprofessor in Harvard.[217] Darin zeigt er statistisch auf, dass im Mittelalter (14. Jahrhundert) in Oxford auf 100 000 Einwohner im Schnitt 100 Morde kamen. Heute dagegen sind es 1,43 auf 100 000 Einwohner; also über 100 Mal weniger als noch vor 700 Jahren. Deswegen sei die Welt, so Pinker, besser geworden und weniger gewalttätig.

Es mag schon sein, dass in unseren Kulturen Menschen inzwischen weniger morden, weil es strafbar ist, und sie dafür verfolgt werden könnten. Aber die Fragestellung nach der Geschichte der Gewalt muss eine andere sein, als Pinker sie stellt: Was ist eigentlich mit tödlicher Gewalt gemeint? Was wissen wir über die Menschen, die in staatlich organisierten Ländern leben? Und was wissen wir über Menschen, die frei von staatlicher Gewalt leben und lebten? Für Pinker beweisen Anthropologie und Archäologie, dass unsere Vorfahren gewalttätig gewesen seien, weil dies angeblich auch schon auf unsere Primatenvorfahren zugetroffen habe. Bei dieser Denkweise ist es kaum verwunderlich, dass sämtliche Fakten, die gegen diese Argumentation sprechen, vollkommen ausgeblendet, nicht berücksichtigt und ohnehin erst gar nicht in Betracht gezogen werden.

Es ist so, als ob Pinker keine Ahnung habe von dem, was Menschen heute und gestern motivierte. Und er stellt seine eigene Meinung oder Ergebnisse an keiner Stelle kritisch infrage. Dass er von bestimmten Dingen keine Ahnung hat, ist keine Frage des Wissens, sondern auch Beweis dafür, dass er nichts fühlt. Hier nur einige Aspekte des menschlichen und tierischen Verhaltens, die für Steven Pinker offenbar überhaupt nicht existieren: Verfügt das menschliche Bewusstsein über Einfühlung, so kann man unser menschliches Verhalten nicht auf rein statistische Indizien über Morde und Gewalt reduzieren. In die Entwicklung unseres Verhaltens ist ein ganzer Entwicklungsprozess involviert, der einfache Kategorien, wie Pinker sie aufstellt, nicht zulässt. So ist beispielsweise das Bindungsverhalten für Mensch und Tier maßgebend für die Entwicklung von Aggression und Gewalttätigkeit. Und die Entwicklung von Aggression und Gewalt kann nicht einfach durch Statistiken über Morde aufgezeigt werden. Wenn ganze Bevölkerungen am Verhungern sind, wenn Menschen in Arbeitslosigkeit gestürzt werden, wenn Millionen auf der Flucht vor marodierenden Armeen sind, wenn Menschen entwürdigt werden – ist das nicht ein Resultat von Gewalt, von Aggression, von Mord an der Seele?

Eine erweiterte Definition von Gewalt wird jedoch durch die zur Regel gewordene Verneinung der Gewalt innerhalb der Gesellschaft erschwert. Und Pinker beteiligt sich hier munter und fördert die Verneinung, indem er diese Gewalt durch seine Thesen verdeckt. Dabei lassen sich an so vielen Punkten seiner Ausarbeitung Einwände finden, und man kann ganz leicht beweisen, dass er falsch liegt. Zum Beispiel: Wenn das Bindungsverhältnis zwischen Mutter und Kind empathisch gesteuert ist, werden Menschen weder kriminell noch gewalttätig, sondern verhalten sich den Nöten anderer gegenüber entgegenkommend und kooperativ.[218] Das gilt auch für unsere affenartigen Verwandten, im Gegensatz zu dem, was Pinker schreibt. Er schließt die Empathie als bestimmenden Faktor der Evolution vollkommen aus. Dabei reagieren sogar Mäuse nachgewiesenermaßen empfindsam auf die Schmerzen ihrer Artgenossen.[219] Während Pinker glaubt, unsere Vorfahren seien ständig damit beschäftigt gewesen, andere zu ermorden, zeigen DeVore und Konner beispielsweise, dass ›primitive‹ Völker wie die !Kung aus der westlichen Kalahari Wüste, grundsätzlich immer friedfertig und kooperativ sind.[220] Auch Diamond hat herausfinden können, dass diese Völker unsere Kriege und das systematische Morden entsetzlich finden.[221] Denn hierin liegt der Unterschied und diesen verkennt Pinker mit seiner ›Statistik‹ von Grund auf: In der primitiven Gesellschaft war und ist das Auslöschen eines Lebens ein einschneidender und direkt erlebter Vorgang, während es in unserer heutigen Zivilisiertheit zu einer abstrakten ideologischen Tat wird. Wir führen Kriege, aber steuern unsere Waffen aus der Ferne, töten im Namen eines abstrakten Wertes und aus einer ebenso psychischen Distanz zu unseren Opfern. Pinker schließt den Gedanken vollkommen aus, wie sich die Menschheit insgesamt von damals bis heute entwickelt haben könnte. Doch die Morde, die er glaubt in archäischer Vergangenheit zu finden, können überhaupt nicht mit den heutigen verglichen werden. Millionen von Menschen wurden im 20. Jahrhundert ohne irgendwelche inneren Gefühle oder persönliche Beweggründe seitens ihrer Mörder umgebracht. Indem Pinker spätestens an dieser Stelle nicht differenziert, sind seine Statistiken genauso beziehungslos wie die heute gängige Art des Tötens. Wenn die Politiker heute in den USA die Foodstamp Programs (Mittel für Lebensmittelmarken) kürzen, mit denen über 47 Millionen Amerikaner vor Hunger bewahrt werden, ist das ebenso eine Form der Gewalt, die für Pinker aber einfach nicht zählt. Er hält uns eine falsche Wirklichkeit vor Augen.

BEDEUTUNGSLOSIGKEIT UND TERRORISMUS

Osama bin Ladens Drang zur Selbstdramatisierung durch Terror war reines Theater.[222] Durch Selbstinszenierung gelingt es dem Terroristen an und für sich, einen Sinn im Leben zu finden, den es vor der Tat überhaupt nicht hatte. Hierin ähneln sich bin Laden und Hitler ganz stark. Hitler verkaufte sich durch Selbstdramatisierung und Selbstinszenierung dem deutschen Volk, bin Laden spielte der medialen Weltöffentlichkeit sein ›Theater‹ vor.

Menschen wie Hitler oder bin Laden, die ein reduziertes Bewusstsein haben, können sich, weil sie keinen Zugang zu Leid und Schmerz finden, nur durch Heldentaten definieren.

Wenn das nicht möglich ist, dann fühlen sich solche Menschen bedeutungslos. Sie machen dann ihre Bedeutung an Größen wie Besitz – und hier spielt der Besitz von Frauen eine große Rolle –, Arbeit, dem Beherrschen anderer Menschen oder der Identifikation mit einer Führerfigur fest und können so ihre Unsicherheit kompensieren. Andernfalls rutschen sie wieder in die Bedeutungslosigkeit.

Samir Toubasi wollte einen Sprengsatz zünden, der an seinem Körper befestigt war. Ein Korrespondent des Fernsehsenders NBC interviewte ihn nach seiner Verhaftung in Haifa. Dabei sagte der 18-jährige Aktivist: »Ich fühlte, dass mein Leben sinnlos ist. Ich wollte sterben.« Auf die Frage, was es denn für ihn bedeutet hätte, wenn die Bombe explodiert wäre, antwortet er: »Ich glaube, die Leute hätten mich nicht vergessen.«[223] Bei identitätslosen Menschen kann ein Selbstmord-Attentat die innere Leere füllen. Demütigungen, denen diese Menschen im täglichen Leben ausgesetzt sind, verstärken nur ihre Ohnmacht. Das reduzierte Bewusstsein dieser Menschen, das von den gesellschaftlichen Strukturen gefördert wird, stellt sich selbst eine Falle. Der Kern dieses Selbst ist auf abstrakten Formeln wie Status, Besitz und Beherrschen aufgebaut. Arbeit gibt Menschen einen Sinn und eine Art Identität; Arbeitslosigkeit hingegen verstärkt die Zweifel über sich selbst und den eigenen Wert. Weil Mitgefühl aber verpönt ist – es würde ja die Freiheit des Wettbewerbs infrage stellen –, erzeugt die Jagd nach Profit, Größe und Effizienz ein wirtschaftliches Klima, das unmittelbar zur Arbeitslosigkeit führt. Eine persönliche Sinnsuche in der Arbeit ist deshalb zum Scheitern verurteilt. Die Identifikation mit Macht verstellt den Opfern zudem den Blick auf die wahren Gründe der eigenen Bedeutungslosigkeit. Zusätzlich ›muss‹ man ja ein Feindbild kreieren und findet es in Menschen, die einem die eigene Schwäche als Spiegelbild zurückwerfen könnten. Und so werden jene, die vom eigenen Mitgefühl abgetrennt sind und Zuflucht von der Leere in abstrakten Ideen finden, zu Terroristen. Für *identitätslose* Menschen füllt das Selbstmord-Attentat die innere Leere aus. Man darf aber nicht vergessen, dass jene gesellschaftlichen und wirtschaftlichen Prozesse, die diesen Menschen ihre Würde und persönliche Bedeutung nahmen, die Quelle tödlicher Gewalt in denen auslösen, die die innere Selbstaufgabe erlebt haben.

DAS REDUZIERTE BEWUSSTSEIN UND
WIE ES UNSERE GESELLSCHAFT BEDROHT

Wir müssen das reduzierte Bewusstsein bekämpfen. Vorwärtsorientiert und fortschrittlich, so charakterisiert sich das reduzierte Bewusstsein selbst, was diesen Kampf äußerst schwierig macht. Henning Mankell stellt in »Kennedys Hirn« dieses Bewusstsein und seine Verlockung durch eine Aussage Christian Holloways folgendermaßen dar:

> »Lassen Sie mich eins klarstellen. Es gibt keine Welt ohne Zweikampf, keine Zivilisation, die nicht zuallererst bestimmt, welche Regeln für den Umgang der Menschen miteinander gelten sollen. Aber Regeln sind für die Schwachen. Der Starke sieht, wie weit sie gedehnt werden können, er schafft seine Regeln selbst. Sie (er spricht die Person an, die ihn mit seinem Tun konfrontiert, Anm. A. G.) wünschen, daß die Dinge nur aus Barmherzigkeit und aus dem guten Willen der Menschen heraus geschehen. Aber wo kein privates Interesse am Gewinn ist, gibt es auch keine Entwicklung.«[224]

Eigentlich müssten wir uns dagegen wehren, dass der gesellschaftliche Zusammenhalt durch das Primat der Wirtschaft zerstört wird, das sich ausschließlich an Profit und Wettbewerb orientiert. Die Gier muss bekämpft werden.

Die ökonomische Globalisierung und die Kapitalkonzentrationen zerstören den sozialen Zusammenhalt. Die wirtschaftliche Ungleichheit nimmt zu, da die Vorherrschaft der Märkte sich ungehindert ausbreitet. Diese Zerstörung der sozialen Zusammenhänge ist tödlich. Wirtschaftsführer und Politiker sind weder in der Lage, die Auswirkungen ihres Handelns auf ihre eigenen Bedürfnisse, noch auf die ihrer Mitmenschen zu erkennen, weil ihr Denken dazu führt, die Welt zu systematisieren. Damit glauben sie, einen festen

Grund unter sich zu haben. Das aber ist eine Illusion. Schiff-
brüchigsein ist die Basis allen Lebens.

Da wir aber Schmerz und Leiden ausweichen, Angst vor
ihnen haben, müssen wir leben, als hätten wir alles unter
Kontrolle. Was kann uns aus dieser Lage retten? Der historische Christus wollte uns zu unseren Herzen zurückführen.
Im Grunde strebte der Kommunismus die Gleichheit zwischen Menschen und den Kampf gegen Unrecht an und hätte
die Tausende Jahre andauernde Unterdrückung des Empathischen umkehren können. Aber weil es Lenin und seinen
Gefolgsleuten um Festigung ihrer politischen Macht ging,
ersetzte das Ideologische das Menschliche. Anstatt ein erwei-
tertes Bewusstsein zu erreichen, endete der Kommunismus
in einem reduzierten Bewusstsein, nicht anders als der Kapitalismus. Dieselbe Art Mensch wurde erfolgreich, weswegen
die Unmenschlichkeit eine Charakteristik beider Lager ist.
Vor dem Ende des Kalten Krieges wurde die Unverantwortlichkeit des Profits noch gezügelt. Seit dem Fall der Mauer
und dem Ende des Kalten Krieges führt uns jedoch die finanzielle Elite, die so sehr von sich selbst besessen ist, in einen
Zustand, bei dem sich – weltweit – die Kluft zwischen Arm
und Reich extrem vergrößert und der unsere demokratischen
Strukturen fundamental gefährdet, ja bedroht.

WAS ALSO TUN?

Die amerikanische Bewegung 99 % brachte unter dem Motto
»Occupy Wallstreet« Menschen aller Bevölkerungsschichten
zusammen, um gegen wirtschaftliches Unrecht zu protestie-
ren. Sie protestierten gegen das eine Prozent der Superrei-
chen, die die Vereinigten Staaten – und nicht nur diese –

durch ihre Gier und Verantwortungslosigkeit in Gefahr gebracht haben. Diese spontane Bewegung – ohne Hass, ohne Gewalt, dem Mitgefühl für Leid und Not ergeben – ist eine Bewegung ganz im Sinne des erweiterten Bewusstseins. Sie bringt das tiefe Mitgefühl, das sich in uns allen rührt, zum Ausdruck. Das ist ermutigend und macht Hoffnung, dass die Krankheit des reduzierten Bewusstseins, eine Krankheit mit destruktiven Auswirkungen, eingedämmt werden kann. Der Dalai Lama schreibt:

> »Paradoxerweise können wir uns selbst nur helfen, wenn wir dem Anderen helfen ... Die Voraussetzung für das Überleben unserer Spezies sind Liebe und Mitgefühl, unsere Fähigkeit, anderen beizustehen und ihren Schmerz zu teilen ... Leid zu verstehen ... bedeutet wirkliche Empathie zu verstehen ... Das Gefühl der Verbundenheit mit allen Lebewesen kann nur erreicht werden, wenn wir erkennen, dass wir alle vereint und voneinander abhängig sind.«[225]

Für unsere Zukunft müssen wir das erweiterte Bewusstsein schützen und festigen, indem wir die lebendige Interaktion zwischen Mutter und Kind als entscheidenden Faktor in der Evolution unserer Spezies berücksichtigen. Wir müssen alles tun, um das Bindungsverhalten in seiner grundlegenden Rolle in der Entwicklung der Empathie und des erweiterten Bewusstseins zu unterstützen.

Liebe – und nicht Profit, Größe oder Leistung – ist das entscheidende Merkmal unserer Evolution. Unsere Zivilisationsentwicklung beeinträchtigt Liebe und damit Empathie nachhaltig, oft zerstörerisch. Indem wir aber auf all das bestehen, was zu einem erweiterten Bewusstsein führt, werden wir auch unsere Zivilisationen voranbringen und eine Lebensweise wiederfinden, die jede Form von Mitmenschlichkeit fördert.

Wenn wir den Prozess der Selbstentfremdung unterbrechen, uns selbst mit all unseren Schwächen und unserem Selbst annehmen und die Schwächen anderer respektieren, dann können wir uns selbst und andere wieder lieben lernen.

Tomaso Carnetto

Anmerkung zu Goethes Begriff der Morphologie

Anhand des Begriffs »Morphologie«, den Johann Wolfgang
von Goethe (1749–1832) wesentlich geprägt hat, können wir
nachvollziehen, worauf die Idee der Optimierung gründet.
Sie bildet bis heute eine stetige Konstante der wissenschaftlichen, politischen, sozialen und individuellen Handlungs-
normen.

Am 23. August 1794 schreibt Friedrich Schiller an Goethe
und nimmt Bezug auf dessen naturwissenschaftliche Ausführungen:

> *Von der einfachen Organisation steigen Sie, Schritt vor Schritt,
> zu den mehr verwickelten hinauf, um endlich die verwickeltste
> von allen, den Menschen, genetisch aus den Materialien des gan-
> zen Naturgebäudes zu erbauen [...] Eine große und wahrhaft
> heldenmäßige Idee ...«

Goethe selbst formuliert 1796 in einer Tagebuchaufzeichnung, wie er die Gestaltgesetze der Natur in ihrer Steigerung
von den einfachsten zu den immer höheren Formen zu fassen gedenkt:

> *Die Morphologie soll die Lehre von der Gestalt, der Bildung und
> Umbildung der organischen Körper enthalten, sie gehört daher
> zu den Naturwissenschaften.«

In den folgenden Jahrzehnten etabliert sich Goethes Morpho-
logiebegriff im wissenschaftlichen Gebrauch. Darin eingebunden ist die große und »wahrhaft heldenmäßige Idee«, die
als ideologischer Impuls – bei aller behaupteten Unbedingt-
heit der Wissenschaft – das wissenschaftliche Denken bestimmt und leitet.

Im Allgemeinen gilt die Morphologie als die Lehre von

den formalen und strukturellen Gegebenheiten eines Organismus (der auch als kollektives System verstanden werden kann) und seiner Entwicklungspotenziale. Der wissenschaftlichen Analyse liegen dabei die Paradigmen einer Lehre zugrunde, die davon ausgeht, das einzelne Leben sei ein monadisches Konstrukt. Entwicklung vollzieht sich folglich dadurch, dass eine höhere Einheit aus einer niederen hervorgeht. Um den erreichten Entwicklungsstatus zu erhalten und weiter zu entwickeln, muss nicht nur das Niedere abgespalten, sondern alle Fremdeinflüsse müssen eliminiert werden. Nur so kann der Fortschritt den höchsten Entwicklungsstand anpeilen und erreichen.

Diese, von Goethe erstmals so formulierte Idee, wird zu einem bedeutenden Baustein der Ende des 18. Jahrhunderts aufstrebenden Wissenschaften. Ein Einfluss, den Goethe selbst nach Kräften befördert. 1795 schreibt er an Alexander von Humboldt (1769 – 1859):

> »Da Ihre Beobachtungen vom Element, die meinigen aber von der Gestalt ausgehen, so können wir nicht genug eilen, uns in der Mitte zu begegnen.«

Für die nachfolgenden Forschergenerationen gilt die Morphologie als ein Grundwerkzeug analytischer Bestimmung, das nicht nur in der Biologie Anwendung findet, sondern gleichermaßen in der Physik, Chemie oder Geologie, zuletzt auch in der Psychologie und der Linguistik. Seit Mitte des 19. Jahrhunderts wird der Morphologie insbesondere in Deutschland eine fast universelle Bedeutung zugeschrieben, die schließlich in der Eugenik mündet. Ziel ist es, die Volksgemeinschaft zu stärken, das heißt, deren positive Erbanlagen zu befördern, indem Erkenntnisse humangenetischer Morphologie auf die Sozial-, das heißt insbesondere die Gesundheitspolitik, übertragen werden.

Zu den Verfechtern einer solchen, zwischen Ideologie und Politik verorteten Wissenschaft zählt beispielsweise Wilhelm Troll (1897–1978). Fest verwurzelt in der Lehre der Morphologie wird er 1932 als Professor für Botanik an die Universität zu Halle berufen. Eine Professur, die er bis 1946 innehat. Trolls Lehre zufolge ist, was der Forscher in der Natur vorfindet, eine abgestufte Formenmannigfaltigkeit, die den hierarchischen Aufbau des Systems und der entsprechenden systematischen Kategorien erkennen lasse. Jede Kategorie stelle eine Idee oder einen Typus dar. Die reine Formidee, der reine Typus existieren demzufolge zwar nirgends in der Natur. Jedoch verwirkliche jedes Individuum die übereinander geschichteten Merkmalskomplexe der Gesamthierarchie von Typen, denen es angehört. Es verkörpere damit also zugleich den Typus seiner Art, seiner Gattung, Familie, Ordnung usw. Die Morphologie nun sei als eine vergleichend abstrahierende Betrachtung zu verstehen, diese Typenmerkmale verschiedener Größenordnung und Reichweite herauszuschälen und voneinander zu sondern.

Ein weiterer Verfechter dieser Denkart war Kurt Hildebrandt (1881–1966), Psychiater und Philosoph, der unter anderem schon früh Kontakte zu Stefan George und seinem Kreis pflegt. 1920 veröffentlicht er die Werke »Norm und Entartung des Menschen« und »Norm und Verfall des Staates«. Mit diesen Schriften zur Rassenhygiene und Ganzheitslehre findet er prominente Zustimmung, etwa bei George selbst. Hildebrandt spricht sich für die Entwicklung einer Kulturrasse aus, die zu schaffen sei, indem ungeeignete Geschlechter oder Rasselinien durch »strenge Isolierung« oder »starke Ausmerze« von der Beteiligung am Staat ferngehalten werden. Zur selben Zeit arbeitet Hildebrandt an den Wittenauer Heilstätten als Oberarzt und Psychiater in Berlin.

Nach der nationalsozialistischen Machtergreifung erhält er

1934 eine Stelle als Ordinarius für Philosophie an der Christian-Albrechts-Universität in Kiel. Der neue nationalsozialistische Rektor Karl Lothar Wolf bemüht sich um ihn als Hochschullehrer, der eine Brücke zwischen Naturwissenschaft und Philosophie im Sinne der Neuausrichtung der Universität schlagen kann.

Die Berufung Hildebrandts wird auch von Martin Heidegger befürwortet, mit dem Wolf in engem Kontakt steht. Im universitären Umfeld bilden nach der nationalsozialistischen Machtergreifung Figuren wie Wolf, Troll, Hildebrandt und Heidegger die personalisierten Bezugsgrößen zwischen naturwissenschaftlicher Morphologie und deren ideologischer Verwertung.

1935 wird an der Universität in Kiel die »Zeitschrift für die gesamte Naturwissenschaft« auf Initiative von Karl Lothar Wolf gegründet.

Wolf, der den Lehrstuhl für Physikalische Chemie innehat, zählt zu jener Gruppe von Naturwissenschaftlern, die in der nationalsozialistischen Herrschaft die Chance sehen, ganzheitliche, morphologisch orientierte Sichtweisen durchzusetzen. Derart soll der »deutschen Linie« der Naturphilosophie zum Sieg über den sogenannten »westlichen Mechanismus« verholfen werden. Zu diesem Zweck wird Hildebrandt ins Herausgebergremium der Zeitschrift berufen, unter anderem zusammen mit Wilhelm Troll, Martin Heidegger und anderen Vertretern der »Holisten«.

Es wäre zweifelsohne zu kurz gegriffen und zudem sachlich unhaltbar, eine lineare Entwicklung anzunehmen, die von der einen großen und »wahrhaft heldenmäßigen Idee«, über die naturwissenschaftliche Adaption der von Goethe postulierten Morphologie und den Holisten bis hin zur rassenhygienischen Bewegung nationalsozialistischer Prägung führt. Vielmehr sollten wir – insbesondere den Begriff der

Morphologie betreffend – im Sinne Max Webers von einer aus unterschiedlichen Zusammenhängen geformten »Synthese von historisch wirksamen Ideen« sprechen, die zu Beginn des 20. Jahrhunderts verheerenderweise in einem tödlichen Paradigma kumulieren: der Selektion des Unwerten.

Die Gesamtheit des deutschen Volkes betrachtet, fiel die populärwissenschaftliche Adaption der Selektionstheorie, wie sie von den Nationalsozialisten betrieben wurde, auf fruchtbaren Boden. Mit der von Charles Darwin formulierten Evolutionstheorie hatte der Glauben an die göttliche Bestimmung der Natur jegliche Evidenz verloren. Im allgemeinen Verständnis galt nun die Selektion genetisch unterschiedlicher Individuen als grundlegender Mechanismus der Evolution. Übertragen auf psychische und psychopathologische Merkmale, wie sie der französische Psychiater Bénédict Augustin Morel (1809–1873) vornahm, folgte daraus: erbliche Anlagen bilden die eigentliche Ursache von Geisteskrankheit und Degeneration. Auf Morels Degenerationstheorien und Entartungsvorstellungen aufbauend entwickelte sich in Medizin und Psychiatrie die Behauptung, dass bei fehlendem Selektionsdruck automatisch eine Negativ- oder Kontraselektion eintrete. Wiederum übertragen auf soziale und kulturelle Zusammenhänge entstand die sozialdarwinistische Vorstellung einer permanenten Kontraselektion: Zu Ungunsten sozial und kulturell wertvoller Eigenschaften würden die niederen automatisch Oberhand gewinnen, somit sei jede Gemeinschaft unwillkürlich Degeneration und Entartung ausgesetzt, sofern man nicht gezielt eingreife. Populärwissenschaftlich formuliert: Die Ordnung der Volksgemeinschaft, die nun an Stelle der von Gott gegebenen Ordnung getreten war, erforderte zur vollständigen Entfaltung ihrer wertvollsten Kräfte die Selektion des unwerten Lebens. Will ein Volk nicht nur überleben, sondern das »wahrhaft Heldenmäßige«

verwirklichen, muss es sich vom Wollen zum Werden durchringen.

Da kein Gott mehr die Anliegen des Menschen vertritt, muss der Mensch jetzt seine Anliegen selbst vertreten. Mit allen Konsequenzen. Das hatte der deutsche Volksgenosse verstanden; und musste handeln. Und der Geist deutscher Bürgerlichkeit schwang sich zum Helden auf: Eichmann, Göring, Goebbels, Himmler, Hitler ...

Aber wofür lebt dieser Held? Wofür ist der Held bereit zu sterben? Der amerikanische Autor Terence DesPres schrieb:

> »Mit ihrem Tod stehen sie dafür ein, dass der Geist, den sie verkörpern und für den sie kämpfen, nicht untergeht.«[226]

Der deutsche Held handelt im Sinne der Todesverachtung. Nicht Tod noch Teufel fürchtet er; weder Leben noch Tod kann ihn aufhalten – es geht um mehr als das. Es geht um das »Tausendjährige Reich«, eine unendlich andauernde Herrschaftsordnung, in der die deutsche wie auch die universale Geschichte zu ihrer Vollendung und damit zu einem Ende kommt. Folglich werden am Ende nur die vermeintlich Besten und Wertvollsten Bestand haben. Sie leben in vollkommener Herrlichkeit, Göttern gleich, die zuletzt auch den Tod besiegt haben werden. Dafür stirbt der Held. Dafür tötet der Held:

> »Dieses Muster erscheint so selbstverständlich und ehrenwert, dass die Verbindung zwischen Heldenmythos und Tod gar nicht mehr auffällt.«[227]

Mit der Bereitschaft, den eigenen (Helden-)Tod hinzunehmen, geht die Bereitschaft einher, mehr noch, die Notwendigkeit, durch die Vernichtung des Unwerten dem Wertvollen jenen (Lebens-)Raum zu sichern, den es zu seiner Entfaltung erfordert. Aus der wissenschaftlich kulturellen

Idee der Selektion ist so eine gesellschaftlich historische Forderung erwachsen.

Goethe nimmt in der historischen Bestimmung der Begriffs- und Ideengeschichte eine wichtige Rolle ein. Zweifelsohne hat er die Entwicklung, die von der Idee einer gesteigerten Optimierung ausging, weder vorausgesehen, noch lässt sich die im Nationalsozialismus propagierte Ideologie mit seinem Verständnis von Humanismus und Aufklärung in Einklang bringen.

Welch verheerendes Ausmaß seine Idee annehmen würde, hat Goethe keinesfalls voraussehen können. Doch indem er diese Idee in einen sprachmächtigen Begriff kleidete, trug er wesentlich zu einem Sprachgebrauch bei, der zugunsten eines abstrakten Optimierungs- und Funktionsideals den Wert des Lebens zunehmend entpersonalisierte. So konnten im Laufe der Jahre aus diesem Sprachgebrauch Gedanken hervorgehen, die eine Unterscheidung zwischen wertlosem und wertvollem Leben trafen. Mit der Vernichtung des vermeintlich Unwerten zugunsten der Entfaltung des Wertvollen, wurden diese Gedanken schließlich zu einer unfassbaren Wirklichkeit. An dem scheinbar so harmlosen Begriff Morphologie wird deutlich, wie die abstrakte Idee einer beständigen Optimierung sich in ihr Gegenteil verkehrt und schließlich Entmenschlichung, Zerstörung und Vernichtung hervorbringt. Darum gilt es – im Sinne Arno Gruens – den Mensch als Individuum und damit das Menschliche nach allen Kräften zu unterstützen. Gruens Werk folgt der Hoffnung und Forderung zugleich, dass die Geschichte der entmenschlichten Idealisierung sich unter keinen Umständen wiederholen darf. Eine Hoffnung, die einzig durch die Sprache der Empathie und der Liebe verwirklicht werden kann.

Danksagung

Danke an Gertrud Hunziker-Fromm, Monika Schiffer, Dr. Marianna Ernst und Tomaso Carnetto, die verschiedene Teile des Manuskripts gelesen, übersetzt und Anregungen gegeben haben. Meinem Freund Professor Dr. Helmut Holzapfel verdanke ich die vollständige Lektorierung des Manuskripts; er übersetzte mein englisches Denken ins Deutsche und machte es verständlicher. Meine Frau Simone hat mich während des Schreibens immer wieder zu mir selbst zurückgeführt, weg vom abstrakten Denken. Sie gab und gibt mir den entscheidenden Impuls, unterwegs zu bleiben zu einem eigenen lebendigen Denken. Ihr gelten mein besonderer Dank und meine Liebe.

Anmerkungen

1 Jean-Jacques Rousseau (1750): Über den Ursprung der Ungleichheit unter den Menschen. Zitiert nach Theodor Lessing: Die verfluchte Kultur. (1921), Neuaufl. München 1981, S. 7.

2 Ortega y Gasset (2002): Der Aufstand der Massen.

3 Ortega y Gasset (1932/1934): Um einen Goethe von innen bittend.

4 Zitiert nach Damm (1989): Vögel, die verkünden Land: Das Leben des Jakob Michael Reinhold Lenz.

5 Gadda (1975): Die Erkenntnis des Schmerzes.

6 Kierkegaard (1946): Kritik der Gegenwart.

7 Gemeinhin wird angenommen, die Natur zwinge uns in den Kampf ums Überleben. Als Zeichen des drohenden Verlusts werden Schmerz und Leid erfahren, die der Held überwindet und den Sieg davonträgt. Folgerichtig scheint der Glaube an Heldentum und Helden der natürlichen Entwicklung zu entsprechen – ein fataler Irrtum: Gesellschaften, die den natürlichen Bedingungen weitaus näher sind, als unsere hochzivilisierte Kultur, können ihre Kulturen auf der Basis von Verletzlichkeit und einem inneren Gleichmut (aequanimitas) aufbauen. Als Beispiel seien die Indianer genannt. Die Besonderheit der amerikanischen Ureinwohner beschreibt John Collier, von 1933–1945 US-Kommissioner für die Angelegenheiten der Indianer, in seiner Studie »Indians of the Americas« folgendermaßen: »Der Indianer hatte das Ziel, ein volles Leben trotz materieller Not zu führen, und dies aus einer tiefen Unsicherheit heraus, welche er in seiner Weisheit gar nicht aufheben will. Diese Unsicherheit wohnte nicht im Innern seiner Seele oder in seinem gemeinschaftlichen Leben. Sie entstand durch Kriege, Stürme und Krankheiten. Seine Bräuche und der kreative Umgang halfen ihm, äußere Unsicherheiten in den Zustand einer nach innen gerichteten Sicherheit zu verwandeln. Die weißen Invasoren kamen. Es gab Kriege, und die Unsicherheiten der Indianer nahmen zu, aber (...) (ihr) Gleichmut brach nie zusammen (...) Sie besaßen, was die Welt verloren hat.« – nämlich Gleichmut trotz Unsicherheit, Sicherheit trotz Hilflosigkeit. Darum, weil Stärke nicht aus Unverletzlichkeit, sondern aus Leid und Schmerz hervor-

geht. – Von diesem Bewusstsein, das ihm, wie seine frühen Werke zeigen, nahe gewesen sein muss, hat Goethe sich abgewendet. Er passte sich der gesellschaftlichen Ordnung an, der Idee einer idealen Existenz, mehr noch; er prägte sie wesentlich mit. Indem er den eigenen Schmerz und sein Leiden als Schwäche deklarierte und statt dessen nach Formen einer idealen Existenz strebte, nach einem geistigen Heldentum, floh er vor der Wirklichkeit und verriet sich selbst.

8 Vgl. Ortega y Gasset (2002): Der Aufstand der Massen. Kapitel: Wer herrscht in der Welt?

9 Shakespeare (2008): Hamlet. III.1., S. 60.

10 Trow (1992): Reflections, the New York Post and the dominant Male. (unveröffentlichtes Manuskript)

11 Ebd.

12 Ebd.

13 Kropotkin (1917): Mutual Aid: A Factor in Evolution.

14 Montagu (1984): Zum Kind reifen.

15 Diamond (1976): Kritik der Zivilisation.

16 Schneirla (1957): An evolutionary and developmental theory of Biphasic processes underlying approach and withdrawal.

17 DeVore/Konner (1974): Infancy in Hunter-Gatherer Life: An Ethological Perspective.

18 Hrdy (2009): Mothers and Others: The Evolutionary Origins of Mutual Understanding.

19 Montagu (1984), S. 133f.

20 Werner von Koppenfels (2012).

21 vgl. dazu Clark (1980): Empathy, A Neglected Topoic in Psychological Research.

22 Vgl. dazu die Studien von Holowaka (2002), Bekkering (2002), van Lanker (1991), Shapiro (1997), Wittling (1997), Joseph (1992) und Henry (1997).

23 Siehe dazu: Locke (1994): Phases in the Child's Development of Language.

24 Vgl. dazu: DeCasper/Fifer (1980): Of human Bonding: Newborns prefer their Mothers Voice.

25 Siehe dazu Safran et al. (1996) und Bates/Elman (1996)

26 vgl. bei Paul D. MacLean (1967): The Brain in Relation to Empathy and Medical Education.

27 Jonathan Haas (1990): The Anthropology of War.

28 Vgl. bei Solis et al. (2001): Dating Caral, a Preceramic Site in the Supe Valley On the Central Coast of Peru; und BBC (2002): The lost Pyramides of Caral.

29 Jaynes (1988): Der Ursprung des Bewusstseins (engl. (1976): The Origin of Consciousness in the Breakdown of the Bicameral Mind).

30 Brückner (1976): Zur Pathologie des Gehorsams.

31 Gruen (2002): Der Gehorsam.

32 Strohm (2003): Über den Ursprung der Religion.

33 Collier (1961): Indians of the Americas. – für die Pueblo-Indianer siehe C. G. Jung, der 1924/25 New Mexico besuchte: Carl G. Jung (2009): Das Rote Buch – Liber novus.

34 Lynd (1958): On Shame and Search for Identity.

35 Leacock (1981): Myths of Male Dominance.

36 Lynd (1958)

37 Gilligan (1988): In a different Voice (dt.: (1999) Die andere Stimme: Lebenskonflikte und Moral der Frau).

38 Sapir (1929), zitiert nach Hoijer: Language in Culture.

39 Whorf (1984): Sprache – Denken – Wirklichkeit. S. 86.

40 Vgl. Holden (2004): Random Samples.

41 Schachtel (1962): Memory and Childhood Amnesia. Siehe auch: Schachtel (1959): Metamorphosis: On the development of affect, perception, attention and memory.

42 Vgl. Panksepp (2003): Feeling the Pain of Social Loss.

43 Diamond (1976): Kritik der Zivilisation.

44 Evans-Pritchard (1951): Kinship and Marriage Among the Nuer.

45 Diamond (1976), S. 51.

46 Kramer (1983): Letter from Germany.

47 Coetzee (2001): Warten auf die Barbaren (Orig.: (1980) Waiting for the Barbarians).

48 Erikson (1946): Ego Development and Historical Change. S. 394.

49 Bluvol (1972): Differences in Patterns of Autonomy in Achieving and Underachieving Adolescent Boys; Roskam (1972): Patterns of Autonomy in High Achieving Adolescent Girls who differ in Need for Approval.

50 Gruen (1989): Der Wahnsinn der Normalität. Realismus als Krankheit: eine Theorie der menschlichen Destruktivität.

51 Siirala (1972): Psychotherapy of Schizophrenia as a basic human experience.

52 Proust (1987): Auf der Suche nach der verlorenen Zeit: Die Gefangene.

53 Gruen (1986): Der Verrat am Selbst: Die Angst vor Autonomie bei Mann und Frau.

54 Latané/Darley (1969): Bystander Apathy.

55 Harsanyi et al. (1988): A General Theory of Equilibrium Selection in Games.

56 Fehr/Fischbacher (2003): Review.

57 Bowles (2004): Microeconomics: Behaviour, Institutions, and Evolution.

58 Richerson/Boyd (2005): Not by Genes Alone: How Culture Transformed Human Evolution.

59 Gürerk et al. (2006): The competing advantages of sanctioning institutions.

60 Hippel/Trivers (2011): The evolution and psychology of self-deception.

61 Vgl. dazu auch Gruen (2000): Der Fremde in uns. Freud (1919): Das Unheimliche. S. 270.

62 Mach (1922): Analyse der Empfindungen und das Verhältnis des Physischen zum Psychischen.

63 Hippel/Trivers (2011): The evolution and psychology of self-deception.

64 Mills (1956): The Power Elite (dt.: (1962) Die amerikanische Elite).

65 Sorenson (1998): Prequonquest Consciousness.

66 NZZ vom 19. März 2011.

67 vgl. Rank (1988): Das Trauma der Geburt und seine Bedeutung für die Psychoanalyse.

68 Klein (1975): Der Fall Richard: Das vollständige Protokoll einer Kinderanalyse, durchgeführt von Melanie Klein.

69 Rheingold (1967): The Mother, Anxiety, and Death.

70 Siehe dazu Gruen (1997/2000): Über die Gausssche Normalverteilung der Nicht-Liebe.

71 Ferenczi (1932/1984): Sprachverwirrungen zwischen den Erwachsenen und dem Kind. S. 518f.

72 Vgl. bei Timmerman (1982): Wir brüllten nach innen: Folter in der Diktatur heute.

73 Soyinka (1972): The Man died.

74 Gruen (2000): Der Fremde in uns.

75 DesPres (1976): The survivor: an Anatomy of Life in the Death Camps (dt.: (2008) Der Überlebende – Anatomie der Todeslager). S. 51f.

76 Vgl. zum Beispiel in The Club of Rome (1972): The Limits of Growth.

77 Ti ma (1993): Die Schule der Gottlosigkeit. S. 35ff.

78 Ascherson (1983): The »Bildung« of Barbie.

79 Ibsen (1982): Peer Gynt. Ein dramatisches Gedicht.

80 Kütemeyer, W. (1951): Die Krankheit Europas. Beiträge zu einer Morphologie.

81 Payne (1962): The Civil War in Spain.

82 Vgl. dazu Platen-Hallermund (2008): Die Tötung Geisteskranker in Deutschland.

83 Vgl. in NZZ (2004): Warum gab man in Thailand keinen Alarm?

84 Harris (1970): Goliath.

85 Eng (1988a): Creative patient/patient therapist; ders. (1988b): Love that is not all pain is not love.

86 Bertini et al. (1978): Intrauterine Mechanisms of Synchronization.

87 Von Holst/Mittelstaedt (1950): Das Reafferenzprinzip.

88 Siehe dazu Dolto (1988): Über das Begehren. Die Anfänge der menschlichen Kommunikation; Szejer (1998): Platz für Anne. Die Arbeit einer Psychoanalytikerin mit Neugeborenen; Eliacheff (1994): Das Kind, das eine Katze sein wollte; Stork (1986): Tödliche Verstrickung von Mutter und Kind?

89 Maiello (1997): Interplay-Sound-Aspects in Mother-Infant Observations.

90 Ebd., S. 160 (Übers. A. G.)

91 DeCasper/Fifer (1980): Of Human Bonding: Newborns prefer their Mothers Voice.

92 Kolata (1987): What Babies Know, and Noises Parents make.

93 Mandler (1990): A new Perspective on Cognitive Development in Infancy.
94 Sampson (1966): The Psychology of Power; ders. (1989): The Will to Power.
95 Mill (1869): The Subjection of Women (dt.: (1991) Die Hörigkeit der Frau).
96 Sampson.
97 Siehe dazu auch Wolf (2009): Der Kampf gegen Weisheit und Macht der matriarchalen Urkultur Ägyptens.
98 Vgl. de la Boëtie (1980): Von der freiwilligen Knechtschaft.
99 De la Boëtie, S. 52.
100 Vuorenkoski et al (1969): The effects of cry stimulus on the temperature of the lactating breast of primipara.
101 Siehe bei Hotz (1997): Battle of Hearts and Minds.
102 Ebd.; Sapolsky (1997): The Importance of a Well-Groomed Child.
103 Mill (1869).
104 Kierkegaard (1964): Kritik der Gegenwart.
105 Siehe bei Schirra (1998): Die Erinnerung der Täter.
106 So sieht das zum Beispiel auch der australische Wirtschaftswissenschaftler William Mitchell (vgl. The Nation, 4. April 2011).
107 Vgl. auch bei Meadows/Randers (1992): Beyond the Limits.
108 Gruen (2004): Der Kampf um die Demokratie.
109 vgl. dazu Halla-aho (2011).
110 vgl. Steinfeld (2011): Der Wille zur skurrilen Nationalromantik.
111 Vgl. in Manvell/Fraenkel (1967): The Incomparable Crime. Mass Extermination in the 20. Century: The Legacy of Guilt.
112 Vgl. bei Wernicke (2011): Strafe für versuchten Selbstmord.
113 Scholl (1982): Die Weiße Rose. II. Flugblatt, Z. 1–9, S. 101.
114 Aus: Süddeutsche Zeitung (2011): Motiv: Streitlust, 26. April.
115 Epstein (2011): Flu Warning, Beware the Drug Company.
116 Zimbardo (1983): Interpersonal Dynamics in a Simulated Prison.
117 Milgram (1982): Das Milgram Experiment. Zur Gehorsamkeitsbereitschaft gegenüber Autorität.
118 Erikson (1946): Ego Development and Historical Change.
119 Herman (1993): Die Narben der Gewalt.
120 Rhue (1985): Die Welle.
121 Vgl. Jones (1981): Interview.

122 Hierzu gibt es umfangreiche Literatur: U. a. Maass (2011), Steffy (2011), Achenbach (2011), Konrad (2011), National commission (2011).

123 Steffy (2011): Drowning in Oil: BP and the Reckless Pursuit of Profit.

124 Vgl. Stiglitz (1994) Whither socialism?

125 Frank (2011): Why the Rich Fear Violence in the Streets?

126 Zum Beispiel Thomson (1980): Der Extremismus als letztes Stadium der Zivilisation; ders. (1987): Die Entstehung der englischen Arbeiterklasse.

127 Vgl. dazu Ryan (2010): Torqueville's Lesson.

128 Farah (2010): Ein weisser Fleck in der Topographie der Kultur, NZZ, 6. Februar 2010.

129 Gruen (1997): Der Verlust des Mitgefühls. Über die Politik der Gleichgültigkeit.

130 Vgl. in Fromm (1989): Empirische Untersuchungen zum Gesellschaftscharakter.

131 Freire (1971): Pedagogy of the Oppressed. (dt.: (1980) Pädagogik der Unterdrückten). S. 34.

132 Mills (1959): The sociological imagination.

133 Vgl. Czes aw Mi osz (2010): Captive Minds (wieder aufgegriffen von Judt (2010)).

134 vgl. Hume (2009): Eine Untersuchung über die Prinzipien der Moral.

135 Zum Beispiel in Kant (2006): Kritik der Urteilskraft.

136 vgl. dazu Gruen (2008): Altruism, Egoism and Dehumanization: The Denial of Empathy.

137 Particle Physicists (2011), Science 2011, vol. 133.

138 Kandel (2011) in Tages Anzeiger, 3. Juni 2011.

139 Dürrenmatt (1997): Die Schweiz – Ein Gefängnis.

140 Havel (2000): Versuch, in der Wahrheit zu leben.

141 Bärfuss (2010): Frei können wir nicht sein, aber wir können uns befreien.

142 Ebd.

143 Der vorliegende Text ist eine Rede, die Lukas Bärfuss am 15. November 2010, dem «Writers-in-Prison-Day», im Literaturhaus Zürich gehalten hat, im Beisein des Journalisten Déo Namujimbo, der über die Ausbeutung des Kongo berichtete und deshalb mit dem Tode bedroht wird. Vgl. Lukas Bärfuss: Nichts ist ohne Al-

ternative – auch nicht der Kapitalismus. In: Tagesanzeiger vom
18. Nov. 2010. Online-Zugriff: http://www.tagesanzeiger.ch/kultur/
diverses/Nichts-ist-ohne-Alternative--auch-nicht-der-Kapitalis-
mus-/story/28742896.

144 Goldmann (1970): Living my Life.

145 Diamond (1976): Kritik der Zivilisation.

146 Bärfuss (2010).

147 King (1963): Aus einer Rede, gehalten in Birmingham, Alabama, am
31. Dez. 1963 (»A riot is the language of the unheard.«).

148 Diamond (1976), S. 122.

149 Vgl. Kahler (1957).

150 Kahler (1957): The Tower and the Abyss.

151 Sampson (1989).

152 Oliver Stone (2004): Alexander.

153 Freeman (2011): Alexander the Great.

154 Bosworth (2011): Zitiert bei Beard (2011): Alexander: How Great?

155 Übers. A.G. – Cicero (2011): Über den Staat. Drittes Buch, 14 (24),
S. 107.

156 Worthington (2011): Philip II of Macedonia.

157 Snyder (2011): Lektionen der Wildnis.

158 Sorenson (2006): Some Types of Society foster Liminal Consciousness, others shatter it; ders. (1998): Prequonquest Consciousness.

159 vgl. Schneirla (1995): An evolutionary and developmental theory of
Biphasic processes underlying approach and withdrawl.

160 Fuller (1967): Experiential deprivation and later behavior.

161 Weaver et al. (2004): Epigenetic programming by maternal behaviour.

162 Welch et al. (2004a): Secretin: Hypotalamic Distribution and Hypothesized Neuroregulatory Role in Austim; ders. et al. (2004b): Behavioral Anatomy of intensive maternal nurturing in childhood
disorders.

163 Liedloff (1980): Auf der Suche nach dem verlorenen Glück.

164 Vgl. Everett (2009): Don't sleep, there are snakes.

165 Everett (2009), S. 278.

166 Small (1997): Making connections, S. 504.

167 Zitiert nach Lüscher (2011): Ton einer Sprache.

168 Goffman (2006).

169 Radin (1957): Primitive Man as Philosopher.

170 Kierkegaard (1946): Kritik der Gegenwart.

171 Martti Siirala (1972).

172 Eibl-Eibesfeldt (1970): Sein Schlüssel zur Verhaltensforschung.

173 Sorenson (2006/1998).

174 Liedloff (1980): Auf der Suche nach dem verlorenen Glück.

175 Sorenson (1998).

176 Ebd.

177 Leacock (1981).

178 Weltfish (1977): The lost Universe: Pawnee Life and Culture.

179 Fukuyama (2011): The Origins of Political Order: Fromm Prehuman Times to the French Revolution.

180 Fukuyama (2011), (Übers. A. G.)

181 vgl. Noll/Scherrer (2011): Professionelle Trader in einer Gefangenendilemma-Situation.

182 Halpern (2011): Over the High-Tech Rainbow.

183 Weber (1994).

184 Ebd.

185 vgl. Gruen (2000): Der Fremde in uns.

186 Henry (1963): Culture against Man.

187 vgl. Rilke (1996) : Die Weise von Liebe und Tod des Cornets Christoph Rilke.

188 Yiwu (2011): Für ein Lied und hundert Lieder: ein Zeugenbericht aus chinesischen Gefängnissen.

189 Yiwu (2011), S. 133.

190 So zum Beispiel Balzac (1908–1911): Die menschliche Komödie.

191 Fukuyama (2011): Left Out.

192 vgl. Seibt (2011): Der rechte Abschied von der Politik.

193 vgl. Van Buren (2011): Free Speech for Gouvernment Employees.

194 Kahneman (2011): Thinking fast and slow.

195 Whorf (1958): Sprache – Denken – Wirklichkeit.

196 Styron (2011): The Suicide Run: Five Tales of the Marine Corps.

197 Styron (2011), (Übers. A. G.), S. 52.

198 vgl. Carver (2007): Infant take note of parent's disgust.

199 vgl. Francis et al (1999): Nongenomic Transmission Across Generations of Maternal Behavior and Stress Responses in the Rat.

200 Portmann (1944): Biologische Fragmente; vgl. auch in Trinkhaus (1990), Diamond (1992) und Gruen (2005).

201 vgl. Gruen (2005).

202 vgl. Rheinhold (1967): The Mother, Anxiety, and Death.

203 Diese Formulierung geht wahrscheinlich auf Rudolf Hess zurück.

204 Kissinger (2011): China, S. 422.

205 Die folgenden Ausführungen über Goethes Denken über Morphologie sind vor allem auf Tomaso Carnetto zurückzuführen, dem
ich herzlich dafür danke.

206 Vgl. auch in Der neue Brockhaus (2011): Wie der Mensch zum
Schluckauf kam.

207 Siehe in Gruen (2000): Der Fremde in uns, S. 82ff.

208 Hitler (1924): Mein Kampf, S. 121, 137.

209 Vgl. bei Domarus (1988): Hitler, Reden und Proklamationen
1932–1945.

210 Mills (1956): The Power Elite.

211 Vgl. Domarus (1988), S. 1909.

212 Krebs (1959): Tendenzen und Gestalten de NSDAP, S. 139.

213 Goeudevert (1996): Wie ein Vogel im Aquarium.

214 Zitiert in Raban (1990): Gott, der Mensch & Mrs. Thatcher.

215 Zitiert in Riedl (1985): Stadt ohne Eigenschaften.

216 Nagel (1985): Ein Kind lebt für den Heldentod.

217 Pinker (2011): The Better Angels of our Nature.

218 Vgl. dazu Werner (1989): High Risk Children in Young Adulthood;
Herman (1993): Die Narben der Gewalt.

219 Siehe nach Langford (2006).

220 DeVore/Konner (1974): Infancy in Hunter-Gatherer Life.

221 Vgl. Diamond (1976).

222 vgl. le Carre (2001): We have already lost.

223 Fletcher (2001): Ich glaube, die Leute hätten mich nicht vergessen.

224 Mankell (2006), S. 387.

225 Dalai Lama (1999): Ancient Wisdom, Modern World; ders. (2004):
Der buddhistische Weg zum Glück.

226 DesPres (2008), S. 9.

227 Ebd.

Bibliografie

Achenbach, J. (2011): A Hole at the Bottom of the Sea, New York: Simon and Schuster.

Ascherson, N. (1983): The »Bildung« of Barbie, New York Review of Books, November.

BBC (2002): The Lost Pyramides of Caral, Channel 2, 9 PM, 31. Januar 2002.

Bärfuss, L. (2010): Frei können wir nicht sein, aber wir können uns befreien, Tages-Anzeiger, 18. November 2010. (Online-Zugriff: http://www.tagesanzeiger.ch/kultur/diverses/Nichts-ist-ohne-Alternative-auch-nicht-der-Kapitalismus-/story/28742896)

Bates, E. Elman, J. (1996): Learning rediscovered, Science, 27, 13. Dezember 1996.

Battison, S., Glattfelder, J. und Vitali, S. (2011): The Global Network of Corporate Control, Lehrstuhl für Systemdesign der ETH Zürich, Tages-Anzeiger, 29. Oktober 2011, S. 14.

Balzac, Honoré de (1908–1911): Vater Goriot. In: Die menschliche Komödie. Leipzig: Insel-Verlag.

Bekkering, H. (2002): Kinder imitieren mit Köpfchen, Max Planck Forschung 2, S. 7–8.

Bertini, M. et al. (1978): Intrauterine Mechanisms of Synchronization, In Totus Homo 8.

Bluvol, H. (1972): Differences in Patterns of Autonomy in Achieving and Underachieving Adolescent Boys, Diss., The City University of New York.

Brückner, P. (1976): Zur Pathologie des Gehorsams, in: Andreas Flitner und Hans Scheuerl: Einführung in pädagogisches Sehen und Denken, München: Piper.

Butler, S. (1903): The Way of all Flesh (dt.: (1991) Der Weg allen Fleisches, München: dtv)

Bosworth, A. B. (2011): Zitiert bei Mary Beard, Alexander: How Great?, New York Review of Books, Oktober 27.

Bowles, S. (2004): Microeconomics: Behaviour, Institutions, and Evolution, Princeton: Princeton University Press.

Carver, L. J. (2007): Infants take note of parent's disgust, Developmental Psychology, 43, 1. Januar 2007.

Cicero, M. T. (2011): Über den Staat. Stuttgart: Reclam.

Clark, K. (1980): Empathy, A Neglected Topic in Psychological Research, American Psychol. 35, S. 187–190.

Coetzee, J. M. (1980): Waiting for the Barbarians, London: Secker and Warburg (dt.: (2001) Warten auf die Barbaren, Frankfurt: Fischer)

Collier, J. (1961): Indians of the Americans, New York: Monthly Review Press.

Dalai Lama (1999): Ancient Wisdom, Modern World, London: Time Warner.

Dalai Lama (2004): Der buddhistische Weg zum Glück, Frankfurt: Fischer.

DeCasper, A. J., Fifer, W. P. (1980): Of Human Bonding: Newborns Prefer their Mothers Voices, Science, 208.

DesPres, T. (1976): The Survivor: An Anatomy of Life in the Death Caps, New York: Oxford (dt.: (2008) Der Überlebende – Anatomie der Todeslager, Stuttgart: Klett-Cotta)

Der neue Brockhaus (2011): Wie der Mensch zum Schluckauf kam.

DeVore, I., Konner, M. J. (1974): Infancy in Hunter-Gatherer Life: An Ethological Perspective, in: White, M. F. (Hrsg.): Ethnology and Psychiatry, Toronto: University of Toronto Press.

Diamond, S. (1976): Kritik der Zivilisation, Frankfurt: Campus.

Diamond, J. (1992): The Third Chimpanzee: The Evolution and Future of the Human Animal, New York: Harper.

Dolto, F. (1988): Über das Begehren. Die Anfänge der menschlichen Kommunikation, Stuttgart: Klett-Cotta.

Domarus, M. (1988): Hitler, Reden und Proklamationen 1932–1945, Bd. 4: 1941–1945, Leonberg: Pamminger & Partner.

Dürrenmatt, F. (1997): Die Schweiz – Ein Gefängnis. Die Havel-Rede. Zürich: Diogenes.

Eibel-Eibesfeldt, I. (1970): Sein Schlüssel zur Verhaltensforschung, Schievenhövel et al. (Hrsg.), München: Realis.

Eliacheff, C. (1994): Das Kind, das eine Katze sein wollte. Psychoanalytische Arbeit mit Säuglingen und Kleinkindern, München: Kunstmann.

Eng, E. (1988a): Creative patient / patient therapist, R. M. Stern (Hrsg.): Psychotherapy and the creative patient, New York: Haworth.

Eng, E. (1988b): Love that is not all pain is not love, IX. International Symposium of the Psychotherapy of Schizophrenia, Turin 15. September 1988.

Epstein, H. (2011): Flu Warning, Beware the Drug Company, New York Review of Books, 12. Mai 2011.

Erikson, E. H. (1946): Ego Development and Historical Change, in: The Psychoanalytic Study of the Child, Vol 2, 1946, S. 359 – 396.

Eshleman, C. (2011): Die Friedhöfe des Paradieses, München: Hanser.

Evans-Pritchard, E. E. (1951): Kinship and Marriage Among the Nuer, Oxford: Oxford University Press.

Everett, D. (2009): Don't Sleep, There Are Snakes, London: Profile.

Farah, N. (2010): Ein weisser Fleck in der Topographie der Kultur, NZZ, 6. Februar 2010.

Fehr, E./Fischbacher, U. (2003): Review, Nature 425 (23), S. 785 – 791.

Ferenczi, S. (1932/1984): Sprachverwirrungen zwischen den Erwachsenen und dem Kind, in: Bausteine zur Psychoanalyse, Bd. 3, Bern, Stuttgart: Huber. S. 511 – 525.

Fletcher, M. (2001): Ich glaube, die Leute hätten mich nicht vergessen, GEO, 11. November 2001.

Francis, D. et al (1999): Nongenomic Transmission Across Generations of Maternal Behavior and Stress Responses in the Rat, in: Science 5, November 1999, Vol. 286, no. 5442, S. 1155 – 1158.

Frank, R. (2011): Why the Rich Fear Violence in the Streets. Wall Street Journal, 6. Juli 2011.

Freeman, P. (2011): Alexander the Great, New York: Simon & Schuster.

Freire, P. (1971): Pedagogy of the Oppressed, New York: Herder und Herder (dt.: (1980) Pädagogik der Unterdrückten: Bildung als Praxis der Freiheit, Reinbeck bei Hamburg: Rowohlt).

Freud, S. (1919/1970): Das Unheimliche, in: Studienausgabe, Bd. IV: Psychologische Schriften. Frankfurt a. M.: Fischer. S. 241 – 274.

Fromm, E. (1989): Empirische Untersuchungen zum Gesellschaftscharakter, in: Gesamtausgabe, Bd. 3, München: dtv.

Fukuyama, F. (2011): The Origins of Political Order: From Pre-human Times to the French Revolution, New York: Farrar, Straus and Giraux.

Fukuyama, F. (2011): Left Out, in: The American Interest, Januar/ Februar.

Fuller, J. L. (1967): Experiential deprivation and later behavior, Science, 158.

Gadda, C. E. (1975): Die Erkenntnis des Schmerzes. Frankfurt a. M.: Suhrkamp.

Gilligan, C. (1988): In a Different Voice, Harvard: Harvard University Press (dt.: (1999) Die andere Stimme: Lebenskonflikte und Moral der Frau, München: Piper)

Goeudevert, D. (1996): Wie ein Vogel im Aquarium, Berlin: Rowohlt.

Goffman, E. (2006): Wir spielen alle Theater. Die Selbstdarstellung im Alltag, München: Piper.

Goldmann, E. (1970): Living my Life, Bd. II, New York: Dover.

Gruen, A. (2009): Der Fremde in uns: Persönliche und Politische Konsequenzen. Plenarvortrag am 15. April im Rahmen der 59. Lindauer Psychotherapiewochen 2009. (Online-Zugriff: http://www.lptw.de/ archiv/vortrag/2009/gruen_arno.pdf)

Gruen, A. (2008): Altruism, Egoism and Dehumanization: The Denial of Empathy, Jahrbuch für Psychohistorische Forschung 9.

Gruen, A. (2005): The Role of Empathy and Mother-Child Attachment in Human History and in the Development of Consciousness: The Neanderthal's Gestation; Jahrbuch für Psychodynamische Forschung, 6.

Gruen, A. (2004): Der Kampf um die Demokratie, der Extremismus, die Gewalt und der Terror, Stuttgart: Klett-Cotta.

Gruen, A. (2003): »Wie man ein Kind lieben soll.« (Janus Kurczak): In Publik-Forum, 6/2003; ferner http://www.lebenshaus-alb.de/magazin/001827.html)

Gruen, A. (2002): Der Gehorsam, Ethik und Sozialwissenschaften 13, S. 441–450.

Gruen, A. (2000): Der Fremde in uns, Stuttgart: Klett-Cotta.

Gruen, A. (1997/2000): Über die Gaußsche Normalverteilung der Nicht-Liebe. In: Der Verlust des Mitgefühls.

Gruen, A. (1997): Der Verlust des Mitgefühls: Über die Politik der Gleichgültigkeit, München: dtv.

Gruen, A. (1989): Der Wahnsinn der Normalität. Realismus als Krankheit: eine Theorie der menschlichen Destruktivität. München: dtv.

Gruen, A. (1986): Das Verrat am Selbst: Die Angst vor Autonomie bei Mann und Frau. München: dtv.

Gruen, A. (o. J.): Wie gefährlich können unsere Gefühle werden?, in: P.M. Fragen & Antworten (Online-Ressource: http://www.pm-magazin.de/r/gute-frage/wie-gefährlich-können-unsere-gefühle-werden).

Gürerk, O. / Irlenbush, B. / Bockenbach, B. (2006): The competing advantages of sanctioning institutions, Science, 321, S. 108–114.

Haas, J. (1990): The Anthropology of War. Cambridge: Cambridge University Press.

Halla-aho, J. (2011): Jussi Halla-aho, New York Review of Books, 14. April 2011.

Halpern, S. (2011): Over the High-Tech Rainbow, New York Review of Books, 24. November 2011.

Harris, D. (1970): Goliath, New York: Avon.

Harsanyi, J. C. / Selton, R. (1988): A General Theory of Equilibrium Selection in Games, Cambridge: MIT Press.

Havel, V. (2000): Versuch, in der Wahrheit zu leben. Reinbeck: Rowohlt.

Henry, J. P. (1997): Psychological and physiological responses to stress: The right hemisphere and the hypotalamus-pituitary-adrenal Axis: an inquiry into problems of human bonding. Acta. Physiol. Scand. Suppl. 10.

Henry, J. (1963): Culture Against Man, New York: Random.

Herman, J. L. (1993): Die Narben der Gewalt, München: Kindler.

Himmler, H. (1943): in: R. Manvell / H. Fraenkel, »The Incomparable Crime. Mass Extermination in the 20. Century: The Legacy of Guilt, London: Heinemann, 1967.

Hippel, William von, Trivers, Robert (2011): The Evolution and Psychology of Self-deception. Behavioral and Brain Sciences (2011), 34: 1–56.

Hitler, A. (1939): Mein Kampf. München: Zentralverlag der NSDAP.

Holowka, S. / Pettito, L. A. (2002): Left Hemisphere Cerebral Specialization for Babies while Babbling, Science, 297, 1515.

Holden, C. (2003): Random Samples, Science 301, 1319; (2004) Life without Numbers in the Amazon, Science 305, 1093.

Holst, E. von / Mittelstaedt, H. (1950): Das Reafferenzprinzip, Naturwissenschaften, 37, 464.

Hotz, R. L. (1997): Battle of Hearts and Minds, L.A. Times, 13. April und 28. Oktober 1997.

Hrdy, S. B. (2009): Mothers and Others: The Evolutionary Origins of Mutual Understanding, Cambridge: Harvard University Press.

Hume, David (2009): Eine Untersuchung über die Prinzipien der Moral, Stuttgart: Reclam.

Ibsen, H. (1982): Peer Gynt. Ein dramatisches Gedicht, Stuttgart: Reclam.

Jaynes, J. (1976): The Origins of Consciousness in the Breakdown of the Bicameral Mind, Houghton: New York (dt.: (1988) Der Ursprung des Bewusstseins, Reinbeck: Rowohlt)

Jones, R. (1981): Interview, Scholastic Voice, 18. September 1981.

Joseph, R. (1992): The Right Brain and the Unconscious, New York: Plenum.

Jung, C. G. (2009): Das Rote Buch – Liber novus. Düsseldorf: Patmos Verlag.

Kahneman, D. (2011): Thinking, fast and slow, New York: Farrar Straus and Giroux.

Kahler, E. (1957): The Tower and the Abyss, New York: Braziller.

Kandel, E. (2011): Interview, Tages Anzeiger, 3. Juni 2011, S. 39.

Kant, I. (2006): Kritik der Urteilskraft. Stuttgart: Reclam.

Kierkegaard, Søren (1846/1946): Kritik der Gegenwart. Basel: Hess.

King, M. L. (1963): A riot is the language of the unheard. Rede in Birmingham, Alabama, 31.12.1963.

Kissinger, Henry (2011): On China, New York: Penguin. (dt.: (2011) China: Zwischen Tradition und Herausforderung, München: Bertelsmann).

Klein, Melanie (1975): Der Fall Richard. Das vollständige Protokoll einer Kinderanalyse, durchgeführt von Melanie Klein, München: Kindler.

Kolata, G. (1987): What Babies Know, and Noises Parents Make, Science, 237.

Konrad, J., Shroder, T. (2011): Fire on the Horizon: The Untold Story of the Gulf Oil Disaster, New York: Harper.

Kramer, J. (1983): Letter from Germany, The New Yorker, 19. Dezember 1983.

Krebs, A. (1959): Tendenzen und Gestalten der NSDAP, Stuttgart: Deutsche Verlags Anstalt.

Kropotkin, P. A. (1917): Mutual Aid: A Factor in Evolution, New York: Knopf.

Kütemeyer, M. (2007): Pflege und die Metaphern des Schmerzes, in: Normopathie – hyersoziale Traumaverarbeitung und somatoforme Dissozition: In: Psychotherapie im Alter: PiA: Formum für Psychotherapie, Psychiatrie und Psychosomatik und Beratung 4 (1), S. 39–53.

Kütemeyer, W. (1951): Die Krankheit Europas. Beiträge zu einer Morphologie, Berlin: Suhrkamp.

La Boëtie, Etienne de (1550/1991): Knechtschaft (vollst. Titel: Von der freiwilligen Knechtschaft). Neuausgabe der Übersetzung von Gustav Landauer Münster/ Ulm Klemm & Oelschläger.

Langford, D. L. (2006): Social Modulation of Pain as Evidence for Empathy in Mice, Science, 312 (5782).

Latané, B. / Darley, J. (1969): Bystander Apathy, American Scientist, 57.

Le Carré, J. (2001): Der Krieg ist längst verloren, Frankfurter Allgemeine, 17. Oktober 2001 (engl.: We have already lost. Globe and Mail, 13. Oktober 2001).

Leacock, E. B. (1981): Myths of Male Dominance, New York: Monthly Review Press.

Lenz, J. M. R. (1989): in: S. Damm: Vögel, die verkünden Land: Das Leben des Jakob Michael Reinhold Lenz, Frankfurt: Insel.

Lessing, Theodor (1981): Die verfluchte Kultur. München: Matthes & Seitz.

Liedloff, J. (1980): Auf der Suche nach dem verlorenen Glück, München: C. H. Beck.

Locke, J. L. (1994): Phases in the Child's Development of Language, American Scientist, 82, 9/10.

Lüscher, G. (2011): Ton einer Sprache, NZZ, 23. Oktober 2011.

Lynd, H. (1958): On Shame and the Search for Identity, London: Routledge.

Maass, P. (2011): What happened at the Macondo Well?, New York Review of Books, 29. September 2011.

Mach, E. (1922): Die Analyse der Empfindungen und das Verhältnis des Physischen zum Psychischen, Jena: G. Fischer.

MacLean, P. D. (1967): The Brain in Relation to Empathy and Medical Education, Journal of Nervous and Mental Disease, 144. S. 374–382.

Maiello, S. (1997): Interplay-Sound-Aspects in Mother-Infant Observations, in: Reid, S. (Hrsg.): Developments in Infant Observation – The Tavistok Model, London: Tavistok. S. 157–174.

Mandler, J. M. (1990): A New Perspective on Cognitive Development in Infancy. American Scientist, 78.

Mankell, H. (2006): Kennedys Hirn, Wien: Paul Zsolany Verlag.

Manvell/Fraenkel (1967): The Incomparable Crime. Mass Extermination in the 20. Century: The Legacy of Guilt. o. O.: Putnam.

Meadows, D. L., Randers, J. (1992): Beyond the Limits, Vermont: Chelsea Green.

Milgram, S. (1982): Das Milgram Experiment. Zur Gehorsamkeitsbereitschaft gegenüber Autorität, Reinbeck: Rowohlt.

Mill, J. S. (1869): The Subjection of Women, Mineola: Dover Publications 1997, S. 9–15, 49–52 (dt.: (1991) Die Hörigkeit der Frau, Königstein: Ulrike Herma Verlag)

Mills, C. W. (1956): The Power Elite, New York: Oxford (dt.: (1962) Die amerikanische Elite, Hamburg: Holsten)

Mills, C. W. (1959): The Sociological Imagination, New York: Oxford University Press.

Mi osz, C. (2010): Captive Minds, Tony Judt, New York Review of Books, 30. September 2010.

Mitchell, W. (2011): The Nation, 4. April 2011. Titel nicht recherchierbar.

Montagu, A. (1984): Zum Kind reifen. Stuttgart: Klett-Cotta.

Nagel, W. (1985): Ein Kind lebt für den Heldentod, Zeit Magazin, Nr. 19, 3. Mai 1985.

National Commission on the BP Deepwater Horizon Oil Spill and Offshore Drilling (2011): Deep Water: The Gulf Oil Desaster and the future of Offshore Drilling, U. S. Government Printing Office.

Noll, T., Scherrer, P. (2011): Professionelle Trader in einer Gefangenendilemma-Situation, MBA These, Universität St. Gallen.

Ortega y Gasset, J. (2002): Der Aufstand der Massen. Stuttgart, München: dtv.

Ortega y Gasset, J. (1996): Um einen Goethe von innen bittend, in: Gesammelte Werke, Bd. III, Stuttgart: Deutsche Verlagsanstalt. S. 267–297.

Panksepp, J. (2003): Feeling the Pain of Social Loss, Science 302. S. 237–239.

Payne, R. (1962): The Civil War in Spain, New York: Premier Books.

Pinker, S. (2011): The Better Angels of our Nature: Why Violence has Declined, New York: Viking.

Platen-Hallermund, A. (2008): Die Tötung Geisteskranker in Deutschland, Frankfurt: Mabuse Verlag.

Portmann, A. (1944): Biologische Fragmente, Basel: Schwabe.

Proust, M. (1987): A La Recherche Du Tempsperdu, Bd. V. »La Prisonnière«, Paris: Gallimard.

Raban, J. (1990): Gott, der Mensch & Mrs. Thatcher, Göttingen: Steidl.

Rank, O. (1988): Das Trauma der Geburt und seine Bedeutung für die Psychoanalyse. Frankfurt a. M.: Fischer.

Radin, P. (1957): Primitive Man as Philosopher, New York: Norton.

Rheingold, J. C. (1967): The Mother, Anxiety, and Death, Boston: Little, Brown & Co.

Rhue, M. (1985): Die Welle, Ravensburg: Otto Maier.

Richerson, P. J. / Boyd, R. (2005): Not by Genes Alone: How Culture Transformed Human Evolution, Chicago: University of Chicago Press.

Riedl, J. (1985): Stadt ohne Eigenschaften, Zeit Magazin, 29. März 1985.

Rilke, R. M. (1996): Die Weise von Liebe und Tod des Cornets Christoph Rilke, Frankfurt: Suhrkamp.

Roskam, A. (1972): Patterns of Autonomy in High Achieving Adolescent Girls who differ in Need for Approval, Diss. The City University of New York.

Rousseau, J. J. (2010): Abhandlung über den Ursprung und die Grundlagen der Ungleichheit unter den Menschen, Stuttgart: Reclam.

Ryan, A. (2010): Torqueville's Lesson, New York Review of Books, 9. Dezember 2010.

Safran, J. R., Aslin, R. N., Newport, E. L. (1996): Statistic Learning by Eight-month-old infants, Science 274, 13. Dezember 1996.

Sampson, R. V. (1966): The Psychology of Power, New York: Pantheon.

Sampson, R. (1989): The Will to Power, Vortrag, Konferenz der Internationalen Physiker für Verhinderung eines Atomkriegs, Ascona, Schweiz, September 1989, veröffentlicht als: The Will to Power: From Reason of State to Reason of the Heart, in: Studies in Nonviolence, No. 17, London 1990.

Sapir, E. (1954): in: Hoijer, Harry, et al. (Hrsg.): Language in Culture. Proceedings of a Conference on the Interrelations of Language and Other Aspects of Culture the American Anthropologist. Vol. 56 No. 6 Part 2 Memoir No. 79 December 1954 (= Comparative Studies of Cultures and Civilizations, No. 3), S. 93–95.

Sapolsky, R. M. (1997): The Importance of a Well-Groomed Child, Science 277.

Schachtel, E. G. (1959): Metamorphosis: On the development of affect, perception, attention and memory, New York: Basic Books.

Schachtel, E. G. (1962): Memory and Childhood Amnesia, Indianapolis: Bobs Merrill.

Schirra, B. (1998): Die Erinnerung der Täter, Der Spiegel, 40, 28. September 1998.

Schneirla, T. C. (1957): An evolutionary and developmental theory of Biphasic processes underlying approach and withdrawal, Nebraska Symposium on Motivation, Bd. 7, M. R. Jones (Hrsg.), Nebraska: University of Nebraska Press.

Scholl, I. (1982): Die Weiße Rose, Frankfurt: Fischer.

Schwarz, G. (2010): Chaos, Ordnung und die Gefahr des Machbarkeitswahns, in: NZZ.

Seibt, C. (2011): Der rechte Abschied von der Politik, Tagesanzeiger 8.8.2011.

Shakespeare, W. (1600/2008): Hamlet. Prinz von Dänemark. Stuttgart: Reclam.

Shapiro, D. et al. (1997): Cerebral laterality, repressive coping, autonomic Arousal, and human bonding, Acta. Physiol. Scand. 640, 10.

Siirala, M. (1972): Psychotherapy of Schizophrenia as a basic human experience, in: Rubinstein und Y. O. Alanen (Hrsg.): Psychotherapy of Schizophrenia, D., Amsterdam: Excerpta Medica.

Small, M. (1997): Making Connections, American Scientist, 85, S. 502–504.

Snyder, G. (2011): Lektionen der Wildnis, Berlin: Matthis & Seitz.

Solis, R. S. et al. (2001): Dating Caral, a Preceramic Site in the Supe Valley On the Central Coast of Peru, Science, 292.

Sorenson, E. R. (2006): Some Types of Society foster Liminal Consciousness, others shatter it, Flip Flop, Notes (unveröffentlichtes Manuskript).

Sorenson, E. R. (1998): Preconquest Consciousness, H. Wautischer (Hrsg.): Tribal Epistomologies, Aldershot: Ashgate.

Soyinka, W. (1972): The Man Died, New York: Harper and Row.

Städeli, M. (2011): Destruktive Dynamik im Handelsraum, NZZ am Sonntag, 25. September 2011.

Steinfeld, T. (2011): Der Wille zur skurrilen Nationalromantik, Süddeutsche Zeitung, 19. April 2011.

Steffy, L. C. (2011): Drowning in Oil: BP and the Reckless Pursuit of Profit, New York: McGraw Hill.

Stiglitz, Joseph (1994): Whither socialism. Cambridge Mass MIT Press.

Stone, O. (2004): Alexander. Film.

Stork, J. (1986): Tödliche Verstrickung von Mutter und Kind?, in: Stork (Hrsg.): Zur Psychologie und Psychopathologie des Säuglings, Stuttgart: Klett-Cotta.

Strohm, H. (2003): Über den Ursprung der Religion, Paderborn: Wilhelm Fink Verlag.

Styron, W. (2010): The Suicide Run: Five tales of the Marine Corps, New York: Random House.

Szejer, M. (1998): Platz für Anne. Die Arbeit einer Psychoanalytikerin mit Neugeborenen, München: Kunstmann.

The Club of Rome (1972): The Limits of Growth, by Dornella H. Meadows, Dennis I. Meadows, Jorgen Randers, William W. Behrens III.

Thomson, E. P. (1980): Der Extremismus als letztes Stadium der Zivilisation, in: Befreiung 19/20.

Thomson, E. P. (1987): Die Entstehung der englischen Arbeiterklasse, Frankfurt: Suhrkamp.

Timmerman, J. (1982): Wir brüllten nach innen: Folter in der Diktatur heute, Frankfurt: Fischer.

Ti   ma, A. (1993): Die Schule der Gottlosigkeit, München: Hansa.

Trinkhaus, E., Tompkins, R. L. (1990): The Neanderthal Life Cycle: The Possibility, Probability and Perceptability of Contrasts Recent Humans, in: Primate Life History and Evolution, New York: Wiley.

Trow, George (1992): Reflections, the New York Post and the dominant Male, unveröffentlicht.

Van Buren, Peter (2011): Free Speech for Government Employees, The Nation, 28. November 2011, S. 5.

Van Lanker, D. (1991): Personal Relevance and the Human Right Hemisphere, Brain and Cognition 17, S. 64–92.

Vuorenkoski, V. et al. (1969): The effects of cry stimulus on the temperature of the lactating breast of primipara. Experientia 1969, Dec. 15; 25 (12): 1286-7.

Weaver, I. C. et al. (2004): Epigenetic programming by maternal behaviour, Nat. Neuroscience, 7, S. 847–854.

Weber, D. (1994): Da hab ich einfach zugeschlagen – Hilfen für gewalttätige Jugendliche, in: N. Sommer (Hrsg.): Überall Hass, Berlin: Wichert.

Welch, M. G. et al. (2004a): Secretin: Hypotalamic Distribution and Hypothesized Neuroregulatory Role in Autism, Cellular and Molecular Neurobiology, 24, 2. April 2004.

Welch, M. G. et al. (2004b): Behavioral Anatomy of intensive maternal nurturing in childhood disorders, Society for Neuroscience Press Book, 34th Annual Meeting.

Weltfish, G. (1977): The lost universe: Pawnee Life and Culture. Nebraska: University of Nebraska Press.

Werner, E. E. (1989): High Risk Children in Young Adulthood, Am J. of Orthopsychiatry, 59.

Wernicke, C. (2011): Strafe für versuchten Selbstmord, Süddeutsche Zeitung, 19. April 2011.

Whorf, B. L. (1984): Sprache–Denken–Wirklichkeit, Reinbeck: Rowohlt.

Wittling, W. (1997): The right hemisphere and the human stress response. Acta. Physio. Scand. 640, suppl. 10.

Wolf, D. (2009): Der Kampf gegen Weisheit und Macht der matriarchalen Urkultur Ägyptens, Zürich: Dewe.

Worthington, I. (2011): Philip II of Macedonia, Hartfort: Yale University Press.

Yiwu, L. (2011): Für ein Lied und hundert Lieder: ein Zeugenbericht aus chinesischen Gefängnissen. Frankfurt a. M.: Fischer.

Zimbardo, P. et al. (1983): Interpersonal Dynamics in a Simulated Prison, International Journey of Criminology and Penology.

Ohne Autor (2011): Motiv: Streitlust, Süddeutsche Zeitung, Seite 10, 26. April 2011. (Beitrag der Redaktion)

Ohne Autor (2011): Teenager erschlagen Obdachlosen, NZZ, 19. **März** 2011. (Beitrag der Redaktion)

Ohne Autor (2004): Warum gab man in Thailand keinen Alarm?, NZZ, 31. Dezember 2004 (Beitrag der Redaktion)

Ohne Autor (2011): Particle Physicists, Science, vol. 133, 16. **September** 2011, S. 1.

Personenregister